愛と悲しみと

梶原敬一

KAJIWARA Keiichi

方丈堂出版
Octave

目　次

愛と悲しみと　1
真宗にとっての救い　35
医療と真宗――三毒五悪段が説くいのちと病――　89
人間を回復するために　139
雑行を棄てて本願に帰す　207
あとがき　247

1

愛と悲しみと

おはようございます。ここでお話しするのも久しぶりだというような気がしますが、初めてお会いする方もいらっしゃると思います。自己紹介というほどお話しすることもありませんが、今も小児科の医者をずっとやっております。縁があって真宗の大谷派で得度をいたしまして、親鸞聖人の教えを聞くことを自分自身の生きる指針としていきたいと思いながら、日々の生活をしているというところが私の現状であります。そこで、皆さまに改めてお話しをというようなことも特別にはないのですが、ただ真宗の教えというものを聞いていくときに、お聖教の言葉をいただくことが、現実の生活の中でどのようなものであるかということを確かめていくことを抜いては、本当に生きた宗教にはならないと感じております。そのためには、真宗で説かれていることが今、私たちの生活の中でどのような形で、その言葉が私たちの生活を問い、どのようなこととして、私たちにそれを教えているのかということを確かめていくことをしなければならないだろうと思っております。

今日は、テーマとして、「愛と悲しみと」としました。これまで仏教では、愛というのは渇愛であるとされてきました。愛というのは煩悩であって、決してそのようなものはすめられるものではない。渇愛というものとして否定されるべきもの、あるいは克服しなければならないものとして教えを説かれてきたと思います。ですから、愛というものを超えるものとして、「悲」ということ、悲しみということを教えてきたのが、仏教の基本的な姿勢であると思います。しかし、その愛というものをいかにして超えるか。愛というものを、どうやって人間は克服できるのかということについては、なかなか、はっきりとした言葉として、仏教の中に説かれているようには思えないわけです。

しかし、親鸞聖人の言葉をそういう思いで読んでみると、『教行信証』の「信の巻」に、次の言葉があることにあらためて気づかされました。『真宗聖典』（東本願寺出版部、以下『聖典』という）をお持ちの方は二一二頁をご覧ください。

たまたま浄信を獲《え》ば、この心顛倒せず、この心虚偽ならず。ここをもって極悪深重の衆生、大慶喜心を得《え》、もろもろの聖尊《しょうそん》の重愛《じゅうあい》を獲《う》るなり。

このように、「もろもろの聖尊の重愛」というふうに言われています。ここに重愛、重き愛という言葉が書かれていることに注目していただきたいのです。これはこれまで聞いてきた愛というだけでない、重い愛ということであります。さらにこの重愛を「獲」るという。同じ獲という字を使って、まず、「たまたま浄心を獲ば」と言われて、それに続けて、「極悪深重の衆生、大慶喜心を得」、そして、「もろもろの聖尊の重愛を獲るなり」と言っておられます。この言葉は、『聖典』の大経の異訳であります如来会の「もろもろの聖尊に重愛せらるることを獲べし」（『聖典』二一三頁）という言葉を引かれたものですが、仏教で説かれてきた愛という概念をもう一度、問い直そうと、「信の巻」の一番最初に書かれたのではないかと思うのです。勿論、『教行信証』の「信の巻」によって、親鸞聖人は信心を明らかにしようとされたのですが、その信心というものを重愛によって押さえようとされた。そういうふうに読むことができるかと思います。

これは、うっかり読み過ごすと、とくにどういうことはないような気がしますけれども、よくよく注意してみますと、大変なことを言っているような気がします。愛を否定していたはずの仏教が、その聖尊の重愛を獲ることによって、信心を獲たことを証明されようとする。仏教では愛することは否定されてきたはずですが、聖尊の重愛を獲ること、聖尊に愛されることは肯定されているのです。これはキリスト教の、神を愛し、神に愛されるという「愛」と、仏教の説く信心といったものが、ある意味で一つのものであるというようなことを表すのかも知れません。ただ、対象が「神」ということと、もろもろの聖尊という、「人」ということの違いです。聖尊というのは仏ということではありますが、決して神ということをあらわしているわけではない、諸仏ということであります。諸仏というのは人ということです。諸仏として私に出会う、私の前に現れてくる人たちのことを諸仏と呼んでいるわけですから、その人たちに愛されるという、人間の愛をうたっているのです。神に愛されるのではない。聖尊に愛されるということを言っているわけです。

このことは、神との関係において、愛というものの問題を解決していったキリスト教とは違って、人間の愛をそのまま残しながら、その愛の問題を、重き愛という形で、愛の質によって超えようとしたということに他ならないと思うのです。

この「重愛を獲る」という言葉の前に、「極悪深重の衆生、大慶喜心を得」るとあります。これは、信心を得るということは何かということを表しています。私たちは、信心という確かなものがあって、そういう信心を得たんだと思うのですが、その信心とは、一体何かということがわからないのが一番の問題であります。人を信じたり、他にお金を信じたりすることはできますが、そのような心では、如来を信じることはできないのです。

あるいは、名号の用《はたら》きを信じるというようなこともなかなかできないのです。ですから、「易往而無人」（いおうにしてむにん）と。浄土を開いても、浄土は、往き易くして人なしというふうに言われます。それは、浄土の世界を信じられないからなのです。信というものがなければ行くことはできないと言っているのですが、むしろ、その、できないというものこそが人間だということを、大無量寿経の中では「往き易くして人なし」と言われています。それは、信心というものが得られたなどと言うこと、そういうこと自体が信心から遠いのかも知れないということ、信心を得ることはそう簡単なものではないということを示しているのでしょう。

親鸞聖人は、「たまたま浄信を獲ば」、と言われます。この、「浄信」というのは、これは、私たちが起こした信心ということではありません。これは如来の信を表します。その如来の信心というものを私たちが獲るというのです。獲るというのは、触れるというようなことでしょう。自分のものとするというのではなくて、如来の信に触れるというものだと思います。

その浄信を獲ることが、大慶喜心を得、もろもろの聖尊の重愛を獲る、ということとなるのです。信心を得た得たと言うけれど、それは信心というような心を得るのではなくて、もっと違うもの、大慶喜する心という感覚なのです。大慶喜、これは私たちの全身の喜びをあらわす言葉です。この存在全部をかけての喜び。喜びというものがあふれてくることが信心を獲たということなんだ。念仏をして、喜びがあふれてきたところには信心がある。けれども、喜びのないような念仏には、信心があるとは言えないのでしょう。しかし、信心のない念仏も、それでも救われると、親鸞聖人は言われております。ただ、そこに信心というものがあれば、念仏は喜びとして感覚される、信心信心と言うけれども、それは喜びとして感じるものなのだ、その喜びというものを得ることが、徳となって、確かに自分の感覚となったということです。

この慶喜というのは、独りであった者、孤独な者が、友に会ったときの喜びなのです。人生というのは暗闇に生きているようなものです。暗闇の中に迷って生きているようなものですけれども、そこに友が現れてきて、その友に出会った喜びを大慶喜心というのです。信心を獲たというのは、友に出会う喜びを得たということ、信心がないというのは、独りで淋しく生きているということです。例えば、迷子になって泣き叫んでいる子どもが母親に出会えたとき、その子どもに湧いてくる喜びです。これが大慶喜心というものです。

宗教の救いは、孤独という状態にあって友に出会うということです。真実の友です。真実の友というのは、時に、非常に厳しい言葉で自分を叱るものであり、そして目を覚まさせる用《はたら》きを持ちながら、それでも、どこまでも一緒に、その闇の中を歩き続けてくれるものです。そういう友との出会いこそが、大慶喜心を得るということです。それは同時に、もろもろの聖尊の重愛を獲ると言われます。大慶喜心を得るというのは一人の友に出会うことです。でも、その背景として、もろもろの聖尊の重愛、一切のありとあらゆる聖尊、諸仏の愛というものを重き愛として獲たんだと。この「獲る」も、獲得の「獲」の字になっています。これは自分の身にまだついていないということです。諸仏の愛に触れたということを獲という字で表しているのです。諸仏、全世界の諸仏に愛されるということをわかったということは何かというと、世界に愛されているのを知ったということです。

世界中のものに愛されているということを知ることが、すなわち信心を獲たということです。世界中といっても、世界中の人々ということではありません。世界中の諸仏、諸仏というのは、いのちをいのちとして生きているそのいのちそのものを、自らの存在として、それを喜んでいる人たちのことです。それを諸仏というのです。鳥にも虫にも魚にも、いのちそのものを喜んで生きているもの、そのすべてのものに愛されているのだという、その感覚を持つことです。私がここに生まれてきたことを世界が受け止め、迎え入れてくれ、そしてその世界が私を愛しているということを知ることなのです。

世界が私を愛しているということは、私はここに生きていていいということを、あるいは、私がここにいるということは、今ここにあなたが生きているということだと、私に呼びかけつづけて、世界が私に、今、自分が生きていることを確かなものとして保証するもの、そういうものを「聖尊の重愛を獲る」というふうに言っているのです。それが信心を獲ることなのです。信心を獲るというのは、救われたという思いなどではない、私が今ここに生きているということを、はっきりと感覚することなのです。

本山の御遠忌のテーマは、「今、いのちがあなたを生きている」ということですが、いのちがあなたを生きていると言われると、そこから私がここに生きているということに結びつかないのです。それは、いのちというものが実体的なものとしてとらえられると、神さまと同じようなもので、いのちがどこかにあると考えてしまうからです。ところが、今、私が生きているということは、私を生かしめている、ここに私が立っている世界があるということです。いくら孤独の中に生きていて世界から疎外されていると思っても、私が生きているのは、私が立っている場所に、大地が私を立たしめているのです。これは西洋の哲学をやった方で、ハイデガーの弟子であったハンナ・アーレントが、アウグスティヌスの研究をされて書かれた論文に、重力と恩寵ということを言われています。その中で、重力を「愛」と言っています。愛というのは「重さ」だと、愛を重力で例えています。その愛によって私たちはこの地に立たしめられるのだと。この地に、この大地にしっかりと立たせるものこそ、愛の作用としての重力なのだというふうに、ハンナ・アーレントは言っています。そしてこの愛の重力によって、生きることに重さが与えられるのです。重さが与えられるということは、私をその重さとして、知ることです。親鸞聖人の重愛の「重」も、存在の重さとして、それが、大地に立たしめている力となり、それがそのまま、信というものを獲たということなのだと言われているのではないかと思います。

ですから、この重愛の愛は、今まで私たちが、仏教の教えの中で渇愛という言葉を通して聞いてきたものとは、随分と違うものであることに気づかされます。

別のところで、親鸞聖人も、愛欲の広海に沈没《ちんもつ》してと言われていますが、そういう愛欲といったような心の問題ではないということです。存在自体にかけられている、その力のようなものを愛と呼んでいるのです。聖尊の重愛と言ったとき、聖尊とは世界中のいのちを生きているものであると言いましたが、具体的に、愛を重として与えるものは諸仏なのです。諸仏というのは、いのちを声として、言葉として、うたうものです。

人間とは何かといえば、言葉を持ったということかも知れません。言葉といっても、別に声を出して話す言葉だけが言葉ではありません。目にしろ、身体にしろ、私たちは、声以前の言葉を語っているのです。そうでなければ、言葉などというのは言葉にならないわけでしょう。子どもとの会話でも、言葉を交わすようになるその前に、目と目の会話がありますす。もっと言えば、体と体で触れ合うことによって、言葉がまずそこに生まれ、その上に声が重なっていくわけですから、言葉といっても、声として表されている以上にもっと人と人との間にある、こころを伝えるものなのです。それをいのちのうたとして表現するものこそが、諸仏なのだということです。

諸仏ということについて、親鸞聖人は四同ということを言われています。同讃、同勧、同証、同体の四同ということを、『愚禿鈔』の中に書かれています。これは善導大師の「散善義」の言葉です。そこから、同讃、同勧、同証、同体と言われました。この四同によって、諸仏は仏としてみんな等しいと言われるのです。同体というのは、同じいのちを生きているという意味です。生きているのだということで同体ですけれども、同証は、諸仏が諸仏として生きているということによって、現れてくる世界も一緒であるということです。

すなわち、諸仏が一人あらわれれば、そこに広がる世界はみな同じものになるということです。諸仏という真実を体現した人がそこに現れたら、人間はその真実を前にして、「ああ、真実とはこういうものであったか」と、自分自身の存在に目が覚めるということです。自分の迷いに目が覚めるのです。諸仏がいないから、さまざまなものを真実だと思い誤って生きているのが私たちですから、そこに諸仏が現れたということは、それが一体何かということが如実になるということです。

そういう用《はたら》きを持ったのが、証ということです。そして、その証を同証としているのは、同讃と同勧ということです。同讃とは、同じく讃えること。何を讃えるのかというと、阿弥陀仏を讃えます。私たちが生きていること、ただ生きてここにあるということではなくて、生きていることは生き続けていること、生きることそのものが一つの意味を持ち、人生を全うすることこそが生きることだということを、阿弥陀仏という名によって示しているのです。それは、ここに生きているというだけで生きていると言うのではない。

それは、阿弥陀さまは、ここに生まれたことだけをよしとしているのではないからです。ここに生まれたことをもって、お浄土に生まれ直すことによって初めて、生きていると言うのです。単にこの世に一度生まれた、ここに生まれたと、そういう意味では、こういう世間に放り出されて生まれたような形をもっているようなことが、それだけで、生きていることとしていのちは完結できないことを、阿弥陀の名によって教えているからです。

御遠忌のテーマは「今、いのちがあなたを生きている」と言いますが、今、いのちが、ここだけではなく、その先に、このいのちをもって、お浄土のいのちとなって生まれ直すということが大事なことなのです。そこまでのいのちを讃えているのが阿弥陀仏であり、そしてそれを讃えているのが諸仏です。仏教はあくまでも、今ということだけではなくて、この人生全体を救うものです。ですから、私の生まれたことも、今生きていることも、そして死んでいくことも、全部救わなければ仏教にはなりません。全部救うということをもって、そのときに、その生きていることとは何か、いのちとは何か、人間が生き続けていくこととは何かということを明らかにし、それを讃えていくもの、それが本当に大切なことであり、そして、それこそがいのちを持ったものの仕事であり、喜びなんだということを讃えるのが、同讃という言葉なのです。同じく讃える。そのことだけを諸仏は言っているのです。お釈迦さまは、そのことを、人の言葉にして私たちに教えてくれたのです。

お釈迦さまだけでなく、たくさんのそれぞれの時代にあった仏教からみて、外道から呼ばれている人たちも真理とは何かと真剣に問われ、さまざまな言葉で真理とは何かと言われているのです。しかし何故、釈迦の教えが尊いかというと、それはいのちを讃えるというそのことにおいて、その他のものの思いを超えているからです。

涅槃経には、釈迦の讃える心を「月愛三昧」というふうに言っています。月の愛、これも愛です。阿闍世が父の命を奪い、そしてそのために地獄に行くのではないかという畏れをもっている、その畏れが、身の病となったときに、その病を治す光を放つものこそ、月愛三昧であると言っています。それはいのちを慈しむということです。そういうことがあって初めて、そのいのちを讃えるということが可能になります。そのときの釈尊の愛は、いのちそのものを讃えることから始まっているのです。同讃なのです。

さらに、同勧というと、同じく勧めると書いてあります。同じく勧める——。諸仏というのは、ただ自分がそういうことを言っているのではなくて、ありとあらゆる生きとし生けるものに、その事実をもって、同じ道を歩んできちんと生き続けていくことを、自分のいのちを全うすることを勧めていくということが諸仏だということで、同勧と言うのです。

言葉というのは、讃えると同時に、讃えた言葉はその言葉を聞いたときに、その言葉によって、人間を座らせておかないものにする。愛が大地、愛が重力であり、大地に立たせるということですが、大地に単に足を着くということではなく、そこから立ち上がらせるということが諸仏の同勧ということです。私たちがこの大地に生きているということは、同時にそこから立ち上がることだからなのです。先ほどお話ししたハンナ・アーレントが重力と恩寵ということについて、神の恩寵というのは、上から引っ張ること、大地に立たせただけでなく、立ち上がらせるという用きが神にあるというふうに言っていました。私たちにとっては、神の恩寵ではなく、諸仏の讃であり、諸仏の勧めである諸仏の声こそが、人をして立ち上がらせるものであると思うのです。

ですから、同讃、同勧、同証、同体というこの四つの用きこそが、もろもろの聖尊の重愛ということではないかと思います。しかし、何故ことさら愛でなければならないのでしょうか。

重愛ではなく、聖尊の悲でも、悲しみでもいいはずです。しかし、悲しみは人間には届かないのです。これは「行の巻」の一番最初を見てください。『聖典』の一五七頁です。

謹んで往相の回向を案ずるに大行あり、大信あり。大行とは、すなはち無碍光如来の名を称するなり。

同讃ということです。

この行は、すなわちこれもろもろの善法を摂し、もろもろの徳本を具せり。極速円満す、真如の一実の功徳宝海なり。かるがゆえに大行と名づく。しかるにこの行は、大悲の願より出でたり。

と書いてあります。大悲の願から出てきたのは念仏です。十七願です。大悲の願から生まれてきた念仏でありますが、念仏によって人は本当に救われるのか、そうはいかないということです。私たちが何も知らずに念仏を聞いても、何も有難くないでしょう。念仏を聞いても生きる喜びが生まれてこないのです。まして、念仏を聞いて立ち上がるということは起こってこない。それは、人間には「悲」ということは届かないということです。如来が悲しもうが、人が悲しもうが、悲しみでは人間は変わらないということです。仏教が無力なのはこの点です。キリスト教が何故、強いかといえば、この違いがあると思うのです。愛を説くものは強い。悲しみを説くものは弱いのです。仏教の用きは弱い。どこまでいっても、弱い。でも、その弱いということは、決して悪いわけではありません。悪いわけではないけれども、悲しみを、人はそのままには受け取ることはできないということです。

そのまま、悲しみを悲しみとして受け取ることができるのは、同体の大悲を生きる諸仏なのです。その諸仏の生きる大地そのものが悲しみなのです。私たちが生きている世界に立たしめるのが愛というものであれば、その愛の用きを受け止めている大地、それこそが悲しみなのです。「化身土の巻」の中にこういう言葉があります。『聖典』の三二六頁を見てください。

ここをもって釈迦牟尼仏、福徳蔵を顕説して群生海を誘引し、阿弥陀如来、本誓願を発してあまねく諸有海を化したまう。すでにして悲願います。

すでにして悲願います。すでにして悲願いますと書かれています。すでにしてというのは、私に先立ってということです。私が生まれてくるという、私の存在に先立って、悲願がそこにある。その悲願とは何かと言ったときに、「化身土」と書いてありますね。その「化身土」の土という形で、化土として、土として私に先立ってあるという。人間が生まれてくる前に土がある。それは何かというと、私たちは世界に生まれてきたといっても、その世界は何もない土ではない。そこにあるのは何かというと、歴史があります。私を迎えとってくれる歴史があって、それこそが、その化土となった、悲願がある。悲願として世界がそこにある。悲しみというのは、ある意味で歴史のことなのです。歴史といっても、いろいろな歴史がありますから、歴史になったら悲願かと言えば、そういうことではありません。悲願という形での歴史です。歴史というのも、私たちが習ってきたのにはいろいろな歴史があります。その時の権力を持った人たちが住んでいた場所、そういうものによって時代区分をしていくということもあります。その権力を握っていた人たちがどのような階層の人であったかということによって、時代を区分することもあるでしょう。戦国時代といえばそういう人がいなかったということでしょうし、あるいは江戸時代なら、江戸という所に武家が権力を握ったというようなことを時代の区分として言っています。

でも、悲願の歴史というと、それは全く別のことです。悲願の歴史というのは何かと言えば、これは仏教の歴史観によるものです。仏教の歴史というのは何かと言えば、大乗仏教には、末法思想としてあります。末法思想というのは、仏教の歴史観です。釈尊が真理を説いたということと、その真理の言葉があらわれたことによって、人間がその真理によって迷ってきた歴史です。本当のことを聞いたから余計に迷うようになった、本当のことなんか教えてくれないほうがよかったのに、というのが私たちの人生でしょう。この間、子どもと話していたら、何も、一つも確かなことはない、何もかも嘘だと言うのです。それに対して私は、そんなことはないでしょう、百パーセント間違いないことがある、それは、あなたが生まれたこと、ここにいること、そして死ぬことだと言いました。それだけは否定できなかったのです。あなたがここに生まれて、死ぬということ、聞きたくもないそんなわかりきったこと、わかりきったことだけど、そのわかりきったことを言葉として伝えられたときに、それまで自分が見えなかった、自分の命に気づくということがあるのです。真理とはそういうものです。

釈尊もそうでした。釈尊の教えとしていろんなことが伝えられていますが、まず最初に教えられるのが、一切皆苦ということです。生きることはみんな苦であるということです。しかしこんなことを言われて、何が嬉しいですか。みんな楽しいと言ってくれたら、一切皆楽ならいいのですが、一切皆苦です。生まれることも、老いることも、病むことも、死ぬことも、苦である、生きていることはすべて苦であるというふうに言っています。そういうことを教えられても、何もそこに喜びなんかないでしょう。むしろそういうことを聞いたとき、そういうものから逃れようとします。そんなものは違うと否定しようとしてきた歴史こそ、人間の歴史なのです。

否定をしたい歴史が何を作り上げてきたかというのを見てきたとき、知らないほうがよかったということがあります。そんなことを知らずに生きていたらよかったのにと。でも、このことを釈尊が言わなければよかったのかといったら、人間はやっぱり、こういうことは誰も皆知らず知らずに気づいていて、それから逃げようとしてきたのです。でも逃げようとしても、このことこそが人間の一番の課題であることをはっきりと知らされること以外には、この現実から越えていくことはできないのです。真理というのは、真理を知ったら救われるのではありません。真理によってかえって迷うこともあるけれども、でも、その真理の言葉がなければ、迷いを越えることもできないのです。

こういう真理の言葉をもって、それを真実として生きてきた人たちの歴史こそが大悲の歴史、悲願の歴史なのです。その悲願の歴史が大地になっている。だから、人間は生まれてきたときに、真実というものを求めるのです。その真実を求めることによって、かえって、人生に迷いながら、その迷いの人生全部をかけて、もう一度、真実にかえっていくのです。それを悲願の歴史と言うのです。

人間はどんな生き方をしようと、一生を終わったときに、自分自身の全部の人生をかけて、人生とは何であったかということを証明していこうとします。そういう歩みを続けています。単に生きているんじゃない。生きているということは、生きることを通して、自分自身を証明しようとして、あるいは自分自身の人生を証明しようとして生きてきたのだということを人生が教えているのです。それが悲願という世界です。その悲願の世界というものがあって、その悲しみの世界を自分自身のいのちとして受け止めたものが初めて諸仏となるのです。その諸仏の言葉が、愛となって、重愛となって届くのだと言っているのです。

釈尊が生きておられたとき、釈尊はそのまま、愛の人でもあったわけです。そうでなければ、韋提希《いだいけ》が泣き悲しむときに現れてきて、韋提希の前にその浄土を説くわけがありません。愚痴ばっかり言っている話ですよ。仏教の教えで言えば、自業自得と言ってしまえば終わり、あなたがやったことがこうなったんや、ということで終わりです。ところがそうは言いません。その悲しみをじっと、韋提希の悲しみをじっと自らの悲しみとして持つのです。あるいは、阿闍世が釈尊のもとを訪ねて行って、自分が地獄におちたらどうしようと言ったときに、父を殺したということは阿闍世だけの罪じゃない、諸仏の罪なんだと、自分自身の罪として、その罪を背負うのです。釈尊は自業自得というような道理を説いて終わりとするような、そういう存在ではないのです。そこにあるのは、釈尊が自分自身の存在をもって、大悲が愛となって生きられている存在だったから、釈尊の悲しみというのは人を救ったのです。単に愛ということではなくて、悲しみとして救ったのです。

ところが、釈尊が亡くなった後に、この悲しみということと愛ということを、一つに生きる人がいなくなったということです。私たちもそうです。いくらお話しを聞いても、悲しみと愛が一つになんかなりません。そうでしょう。愛する者が殺されたときに、殺した相手を許すことなどできるでしょうか。たとえ頭では許せても、また逆に、頭では許すことはできないといっても心の中では許すということもあるかも知れないけれど、でも、その殺した者と殺された者の苦しみを一緒に背負うなどということはできないでしょう。それができるのは、仏さまか鬼かしかない。そういうことが、私たちにはできません。愛と悲しみの二つを一つにすることはできないのです。その時、その悲しみというものを悲しみとして、別のところに置くことによって、愛することが人を救うということになるかどうかということなのです。

大地の中に、歴史の中にその悲しみを見たときに、悲しみの歴史というものを通して生きるときに、自分自身の愛というものが単に愛に留まらないで、悲しみというものに触れるような愛に変わるかどうか、そのための念仏なのです。愛のないような仏教、愛というものを否定してしまう仏教は、仏教ということにはならないでしょう。愛を超えることは必要かも知れませんが、愛を否定することはあってはなりません。

『正信偈』には、「能発一念喜愛心」（能よく一念喜愛の心を発こす）と書かれています。そこにあるのは喜愛の心です。喜びとともにあるこの愛は、欲願愛悦という愛です。欲願愛悦というのは、信心というもののもつ一つの能動的な気持ち、ある意思を表すわけです。「will」というようなことです。この信心の意思を表すのが欲願愛悦です。欲と、願と、愛と、悦ということ、これを合わせて信楽と言うのです。信楽の中に愛が入っているのです。何かを愛する気持ちなのです。愛するものがなければ、人間は救われないということなのです。人間がどこまでいっても愛することから離れることができないのは、自分自身です。人を愛するか愛さないかはどちらでもいいのですが、自分に対しては、憎もうがどうしようがそこに愛があるのです。唯識では阿頼耶識を、真愛着處と言います。私自身と言いましても、私という思いではなくて、この生きている身としてある私を、どこまでいっても愛着するところなんだと、そういうものだとして、押さえます。真愛着處、それに向かう愛というのが欲願愛悦、自分自身にこだわるということなのです。

自分を愛する気持ちがあって、その愛する気持ちの上に、能発一念喜愛心があるのです。では、この愛というのはどこから出てきたのか。それは、欲願愛悦の愛でありまし、真愛着處という自分自身への愛です。愛といっても、人を愛するというのは、人を通して自分を愛しているのです。自分の気に入った人しか好きになれないでしょう。自分が気に入った人しか好きになれないということは、自分が好きだということです。自分のことを好きだという思いを、私たちは愛という形で認識します。しかし、それが愛欲という形になり渇愛になるのは、自分を愛することと人を愛することがバラバラになってしまうからなのです。自分を愛せることによってのみ、人を愛することができるのです。しかし、自分を愛せるということは一体、何を愛しているのかということです。自分を愛するといっても、自分の嫌いなところはいっぱいある。自分のことが嫌になって、死んでしまいたくなる人もいる。その死んでしまいたくなるのは、その死んでしまおうと思う自分が、その求めている自分ではないからです。こんな自分は嫌だと、こんなのなら死んだほうがいいというのは、自分を愛するがゆえに自分を消してしまいたいということでしょう。その自分が本当に愛すべきものは、愛しているということを考えている私ではなくて、私として生まれてきたもの、私として生まれてきたものこそを愛している。それは、私という形をもって、ここに現れてきたもの、「今、いのちがあなたを生きている」と言いましたが、いのちが、私という形となったものを愛している。そのいのちが私という形となったのは、私という存在と同時に私が私という形をとって現れてきた、その私を迎えとった世界と、そしてこの私と、それが一つとなったものを愛している。だから、世界と自分が切り離されてしまって、その世界がなくなった自分なんていうものは頼りなくて、生きていけなくなるのです。それは世界と自分が分断されて、愛すべきものが見えなくなってバラバラになってしまったからなのです。

そういう愛なのです。そういう愛によって、自分自身を愛しているという思いが、欲願愛悦という、この至心信楽欲生という如来の心と一つのものとなっていくものなんだというふうに言っているのです。根本にあるのは、この愛悦の愛なのでしょう。でも愛という言葉を使うと、人間の心に近づく分だけ、人間は如来の心から離れてしまいます。その離れたものを引き戻すために、この私自身の存在にかけたものを愛と言い、私の立っている大地が私に呼びかけているものを悲しみと呼んでいるのです。その愛と悲しみが一つになったときに、初めて人は救われるのです。これは皆さん、最初に「総序」(『聖典』一四九頁)をお聖教としてあげていただきましたが、その中にこういう言葉がありました。

しかればすなわち、浄邦縁熟して、調達、闍世をして逆害を興ぜしむ。浄業機彰れて、釈迦、韋提をして安養を選ばしめたまえり。これすなわち権化の仁、斉しく苦悩の群萌を救済し、世雄の悲、正しく逆謗闡提《ぎゃくほうせんだい》を恵まんと欲す。

ここでは、権化の仁と世雄の悲と言っておられます。ここでは愛は、仁というふうに表しています。愛欲の愛というものと区別するために仁愛ということも言いますが、権化の仁の仁、これは愛情のことです。愛情だけれど、友愛といったようなもの、共に生きるものと理解してください。そういう意味では、博愛という言葉もあります。

大無量寿経の中に「慈恵博施、仁愛兼濟」(『聖典』四〇頁。慈しみ恵む心が広く施されて、仁愛が兼ねて救う)という言葉がありますが、仁という言葉に代表させているのは、この慈恵博施、仁愛兼濟ということなのでしょう。そういう意味では、権化の仁というのは愛情を表し、世雄の悲というのは悲しみを表します。愛と悲しみという形で愛に対して悲しみが出るのではなく、愛と悲しみ両方によって、人は救われていくというふうに書いてあります。愛だけで救われるわけはないのです。だけど、悲しみだけで人間を救うことはできません。そこにあるのは権化の仁、韋提希の悲しみ、韋提希の嘆きです。それこそが人を救うのです。韋提希の愛、韋提希の愛情は息子に対する愛情です。阿闍世を何とかしてほしいという愛情、それが人を救うのです。

ところが『文類聚鈔』というのを見ていただくと、その中で同じことを次のような表現によって表しています（『聖典』四〇八頁）。

ここをもって、浄土縁熟して、調達、闍王、逆害を興ず、濁世の機を憫んで、釈迦、韋提（をして）安養を選ばしめたまうなり。つらつら彼を思い、静かに此を念うに、達多・闍世、博く仁慈を施し、弥陀・釈迦、深く素懐を顕せり。

と書いてあります。ここに「達多・闍世、博く仁慈を施し」とあります。「博く仁慈を施し」、この中に仁と慈とが出てきますし、博《ひろ》いという字も出てきますから、博愛ということでしょう。決して否定的なことではありません。調達というのは提婆達多、闍世というのは阿闍世、提婆達多と阿闍世が博く仁慈を施しと書いてあります。今まで私たちは、提婆達多は釈尊を亡き者にして、釈尊の教団を乗っ取ろうとした極悪の人だというふうに聞いていたのですが、親鸞聖人はそういうふうにだけ受け止めているのではありません。阿闍世とともに愛を実践しようとした。それは仏教ということではなくて、世の中を愛によって救おうとしたということです。逆に言うと、仏教は救っていなかったと考えていたということです。先ほど力がないと言いました。悲しみには力がない、仏教では世界を救えない。そういう思いがあったのだろうと思います。それがある意味で、阿闍世をして父の命を奪い、国を提婆達多とともに治めようとしたということだというふうに、親鸞聖人は了解したのかも知れないと思うのです。

ところが、そのときに、「弥陀・釈迦、深く素懐を顕せり」と書いてあります。その愛というものを縁にして、深く素懐というふうに、心の底にある、人間にとって、素懐ですから、まだ明らかになっていないもの。さっきは、権化の仁と世雄の悲でしたでしょう。ここには悲しみというような表現はありません。悲しみではなくて、「深く素懐を顕せり」と書いてあります。この素というのは、もともと何も加えていないという、まだ手を加えていないという意味です。これに人を付けたら素人になります。素人といったら、何も練習もしないでそのままということでしょう。それと同じで、手を加えずに残っているもの、人間がまだ気づかずに、底の深いところに持っていた気持ちが現れてくるようにしたのだと。愛によって救おうとすることによって、見失ってきたものを、もう一度呼び起こすことによってその国を本当のものにしようとした。愛を越えるというのはこういうことです。否定しているのではないのです。それは、愛というものによって人を救おうとしてきた人間そのものを救うということです。「総序」には、「世雄の悲、正しく逆謗闡提を恵まんと欲す」と書いてあります。愛によって傷ついたものを救うのは、悲しみをもって、世雄の悲によって逆謗闡提を恵むというのです。

愛でなくて、悲しみが、悲しみが恵むのです。恵むと書いてあります。それは豊かにするということです。悲しみが、人間を豊かにする。愛は人間を、貧しくしてしまうのです。「愛は惜しみなく奪う」と言います。愛というのは、奪うということを同時に持っている。そういうすごい力を持つ分だけ、力によって、奪われていく。奪われるということによって、人間の命が痩せていく。愛情が深い人ほど命が痩せていく。命が痩せるから余計、愛を求める。愛に飢えた人というのは、愛によっては満たされないものだとわかっているのに、愛によって満たそうとする。そうすればするほど、どこまでいっても命は痩せていく。そしてそれは、留まることがありません。それを、渇愛と言っているのでしょう。

愛を飲めば飲むほど、愛に飢えていくということです。いくら仁愛や友愛というものであっても、そこに愛というものの、それが「愛着」といったものと繋がるものがどうしてもある限り、人間というものが自分自身の大地というところを見失った愛であればどうしてもそこに、愛すれば愛するほど失っていく、奪われていくということです。それを回復するものこそが、悲しみだと言っているのです。

その悲しみというものは、決して自分自身の悲しみではなくて、自分というものにまで至った、私にまでなった、人間の歴史というものの中に流れている悲しみなのです。それをもってしか人間を回復することはできないということです。何故私たちは歴史ということにこだわるのでしょう。宗祖の七百五十回忌もそうですが、真宗にとっても真宗の歴史があります。仏教にとっても末法史観と言いますが、仏教の歴史があります。そういう歴史の上で押さえていこうとするなら、何か歴史の中に流れ続けている悲しみをもってしか、人間を救うことはできないからです。そして、その歴史の中に流れている悲しみをどうやって自分自身の中に受け入れるかというと、歴史の中に悲しみとして伝えられている言葉しかないわけです。念仏というのは、ある意味では、悲しみの言葉の連続なのです。救われなかったものが、救われなかった思いによって称えていったものが念仏なのです。それを象徴的に表しているのが、観経の下品下生《げぼんげしょう》の念仏なのです。

観無量寿経の中の下品下生、一番最後のほうですが（『聖典』一二〇頁）、

仏、阿難および韋提希に告げたまわく、「下品下生」というは、あるいは衆生ありて、不善業たる五逆・十悪を作る。もろもろの不善を具せるかくのごときの愚人、悪業をもってのゆえに悪道に堕すべし。多劫を経歴して、苦を受くること窮まりなからん。かくのごときの愚人、命終の時に臨みて、善知識の、種種に安慰して、ために妙法を説き、教えて念仏せしむるに遇わん。この人、苦に逼められて念仏するに遑あらず。善友告げて言わく、「汝もし念ずるに能わずは、無量寿仏と称すべし」と。かくのごとく心を至して、声をして絶えざらしめて、十念を具足して南無阿弥陀仏と称せしむ。仏名を称するがゆえに、念念の中において八十億劫の生死の罪を除く。命終の時、金蓮華を見る。

　このように書かれています。そこでは、善知識《ぜんちしき》という人とそして善友《ぜんぬ》が現れてくるということを言っています。下品下生というのは、九品の中の一番救われがたいものとして言われていますが、むしろ私たちそのものだと思います。いろんなことをして、死ぬ時になって、地獄に落ちたらどうしようと畏れおののいているもののことを言っているのです。地獄に行く人だと言っているのではありません。地獄に行く人は、その前の下品中生で説かれている人、下品中生の人は地獄の業火、一時に倶に至ると書いています。もう地獄に落ちている。地獄に落ちた人より地獄に行く前の人のほうがしんどいのです。地獄に行ってしまったらもう仕方ない、しかし、行く前のほうが怖いでしょう。その畏れおののいているときに、善知識が念仏をしなさいと教えます。ところが、善知識が教えても念仏はできないと言うのです。そんな暇はないと言っているのです。お浄土でもどこでもいいから、助けてくれと言っているのです。お浄土に行ってから救われるなどと、そんなのんきなことを言わないで、今救ってくれと、今のこの苦しみをどうしてくれるんだと。善知識は、本当に生きるべき世界を求めて、浄土に生まれるように願いなさいと言ったのです。しかし、そんなことはできないのです。そのときに、善知識にかわって、善友が、「汝もし念ずるに能わずは、無量寿仏と称すべし」と言うのです。

善知識と善友というのは、同じ人だというふうに考えることもできます。でも、その性格は別のものでしょう。善知識がすすめて、できないと言っている後に善友が出てきたわけですから、善知識とは別の善き友が現れて、とにかく無量寿仏を称えなさいと言います。それを聞いて、具是十念して南無阿弥陀仏と称えたんだと。そして、そのときに救われたと言っているでしょう。

何故この人は、善友のすすめで称えることができて、善知識によっては称えることができなかったのか。善知識というのは、道を教えて人を導く人でありましょう。地獄から浄土に導いてくれるのは善知識です。でも、一緒に地獄に降りてくれる人こそ友なのです。その友に出会うこと、その友がすすめた念仏こそが悲しみの念仏なのです。それは悲願というものに気づいていくこと、この声によって、自分が生まれてきた世界そのものが、南無阿弥陀仏という声によって、無量寿仏のその願いによってつくられている。一言で言えば、阿弥陀仏の願いを表すのが無量寿仏です。阿弥陀仏というのは救う力です。一緒に苦しんでいる無量寿仏がここに一緒に苦しんでいることを知って、一人ではないんだと、あなたと私と、そして阿弥陀とがここにいるから大丈夫だと言うのです。闇の中にあっても、どんな中にあっても、一人ではない、あなたは一人で地獄に行くんじゃないのだと、そういうことを伝えていくのが、悲しみの念仏なのです。

救われないものが救われなくてもいいと、しかし、そこに一緒に道を歩き続けようと、その思いは、親鸞聖人は『歎異抄』の中で、法然上人にすかされまいらせて、地獄に落ちても後悔しないと、このように言われています。地獄は一定《いちじょう》すみかぞかし、なのです。法然上人とともに歩くということ以外に救いはない。だから、むしろ地獄であっても一緒に行こうと言う、これは悲しみの念仏です。だから救いというものを、個人の救いではないものにしたのです。人と人とが出会うということの中に救いをみたから、人と人とが出会うということこそが救いだと。その出会ったものが善友なのです。良き友なのです。友に会うことこそが、私たちの信心を得た救いだというふうに言いました、大慶喜心を得ると。得大慶喜心と言いましたが、このことはこういう形で、善友として現れてくるものと出会うことを確かめることによって、その救いというものが存在の喜びに変わります。地獄にあっても喜ぶのです、友に会うと。たとえこの世の中がどのようになっていこうと、地球が滅びようと、そこに友として出会えたものと生き続けていくことができるのであれば、その世界をも引き受けて生きていくことができる。そのときに、存在の喜びがあるのです。

私たちはこの世の中を、この時代を、友とともにどう生きるかということこそが念仏を申すものの信心の課題であるとして、問い続けなければならないと思います。こういうことを思いながら念仏を称え、あるいは聖典の言葉を確かめていっていただくことによって、真宗とは何か、真宗によって何が救われていくのか、真宗によって救われた生き方とは何かを、一人ひとりの人生において、確かめていただきたいと思います。それが歴史となり、私たちの後に生きる者たちの、その悲しみの念仏として届くように、お念仏していただくことを念じて話を終わります。

真宗にとっての救い

自分自身がこの一年間何をしてきたのかということを、もう一回振り返る、私にとってはそういう機会を与えていただいているようにも思えます。それと同時に、真宗ということを一年一年考えていくときに、さまざまなことに思いを巡らせるわけですが、真宗の教えということが、一体、私たちにどのような用《はたら》きをしているのか、毎日毎日、お念仏を申すということを聞いているわけですが、それが一体、私たちの一日一日の在り方にどういう影響を与えているのかということを、もう少しきちんと考えなければいけないなと思います。真宗も宗教ですから、宗教にはご利益がなければなりません。その真宗の利益とは何かということです。利益ということでは神さまにお祈りして何かいいことがあるとか、あるいは、仏に祈って地獄に行かないようにするとか、いろいろなことを言いますけれども、真宗は何か、そういったお念仏をしていい目に会えるとか、そういうことを利益とは言っているわけではないわけです。仏教もそういうことは最近は言わなくなってきています。仏教の利益として、何か幸せになるとか、そういうことをあまり言わなくなってまいりました。

最近は宗教というもの全体が、ある意味で現実の生活そのものではなくて、心の中に何か安らぎを与えるとか、そういった形で用いてくれるものだと考えられるようになりました。ですから念仏もそういう意味では、念仏によって心安らかに生きられればよいというような感じで言っているわけですけれども、どうも親鸞聖人の言葉を聞いていくと、そういう安らかに生きていくということを、心穏やかにということで言われているわけではないのです。安らかというのは、決して何事にも心穏やかに、静かに生きていくということではないことを言おうとしているのではなかろうかと思います。

それで、真宗の救いというのは一体何かということを、改めてもう一度考え直しながら、私たちが真宗に出会ったことは一体何なのか、それを見ていかなければならないように思います。年を取ってやっと、『歎異抄』の言葉の中に親鸞聖人が何を残そうとしたのかということが、少しだけ、自分で、聞こえてくるように思えるようになってまいりました。若いときに読んだ『歎異抄』は、どうしても、唯円が書かれた『歎異抄』であったわけです。唯円という人の言葉としてしか聞こえていなかったのですが、しかし、その唯円が記した『歎異抄』の言葉が、親鸞聖人の思いとして伝わってくる部分が少しずつ聞こえてきたように思いますので、そのことを皆さまに少しお話ししていこうと思います。

今から『歎異抄』（『真宗聖典』東本願寺出版部、以下『聖典』という。六二六頁）の第一条を読んでみます。

弥陀の誓願不思議にたすけられまいらせて、往生をばとぐるなりと信じて念仏もうさんとおもいたつこころのおこるとき、すなわち摂取不捨の利益《りやく》にあずけしめたまうなり。弥陀の本願には老少善悪のひとをえらばれず。ただ信心を要とするべし。そのゆえは、罪悪深重《じんじゅう》煩悩熾盛《ぼんのうしじょう》の衆生をたすけんがための願《がん》にてまします。しかれば本願を信ぜんには、他の善も要《よう》にあらず、念仏にまさるべき善なきゆえに。悪をもおそるべからず、弥陀の本願をさまたぐるほどの悪なきがゆえにと云々

若いときには最初のところが十分に受け取れないままに、後半の、

しかれば本願を信ぜんには、他の善も要にあらず、念仏にまさるべき善なきゆえに。

悪をもおそるべからず、弥陀の本願をさまたぐるほどの悪なきがゆえにと云々

この言葉だけを取り上げて、念仏ひとつしておけば他のものは何も要らないんだと、何も恐れることもない、そういう心になるんだと、お念仏というものをそういうものとして受け止めてきたのです。しかし、その念仏というのは一番最初に、

弥陀の誓願不思議にたすけられまいらせて、往生をばとぐるなりと信じて念仏もうさんとおもいたつこころのおこるとき、

と書いてあります。念仏をするのではなくて、念仏もうさんとおもいたつこころのおこるときと書いてあるのです。念仏はする、しないではなく、念仏もうさんとおもいたつこころが起こらなければならない。逆に言えば、念仏もうさんとおもいたつこころが起こるということは一体どういうことかということがわからないと、ある意味で、念仏念仏と言っても、本当の意味での救いというのは得られないと、言われているのではないかと思うのです。私たちも、念仏をしようと思うこともあるのです。でもそのときに、親鸞聖人は、弥陀の誓願不思議にたすけられまいらせて、往生をばとぐるなりと信じて、と言われま

す。しかし、弥陀の誓願不思議ということが、一体何のことなのかがわからないのです。不思議ですからわからないでもいいようなものですが、この不思議というのは、今、私たちが不思議と言っているものではないのです。不思議な力をあらわすのです。思議というのは、私たちが思うこと、はからうことです。そして思いというのは、いろいろと思いめぐらすことです。はからうといったら、頭でいろいろと考えることです。思いめぐらすこととはからうこととどう違うかといったら、はからうのは、理屈でいろいろと考えることです。こうしたほうがいいんじゃないか、ああしたほうがいいんじゃないかと。思いめぐらすというのは、考えるのではなく、胸の中でもっと、自分のことをこんなはずではなかったとか、ああしたらよかったとかいうことを、いろいろと思うことをいうのです。ですから不思議ということは、思ったり、はからったりすることができないということであります。ですから、念仏をしようと思うのも、思いはからう中にあるのです。お念仏といってもなかなかわからないけれども、いろいろと理屈で考えて、お念仏というのはこういう用きだと、考えたり、お寺でお念仏とは何かという説明を聞いているのも、思議です。お念仏、お念仏といって聞法しても、お念仏はこれですと言われても、「えー」というだけの話で、所詮は思議しているわけです。でも、念仏申さんと思い立つという形で、思い立たせているのは、考えたり自分で思い悩んだりするようなそういうことではなくて、そういうものではない力、不思議力という力の用きなのです。念仏だけでなく、およそ人間を動かしているのは、考えたり思ったりする、そんなことではないのです。自分が考えて思ったりすることではないことが、人間を動かしているのです。

この頃、電車でホームから落ちた人を助けようと思って飛び降りて、自分が亡くなったり、助けられたり、あるいは川に落ちた子どもを救うとか、飛び込んで助けた人を、みんなが褒めているニュースによく接します。そういうことも、助けようと思って、いろいろ思いはからって助けるのではないのです。例えば、子どもが溺れていたら、飛び込んで助けようと思うでしょう。だけど、実際は飛び込めるかどうかは、わからないのです。子どもが溺れていたからといって、飛び込むことができないこともあるでしょう。助けたいという気持ちは一緒かも知れないけれども、飛び込むか飛び込めないかは、別のことです。同じ人が、じゃあ、いつでも同じように飛び込めるかといっても、それもわからないのです。そのときに、その行動を起こさせているのは、いろいろ考えることではない、もっと違う、人間を動かしている力があるのです。むしろ人間というのは、何か考えて行動しているような部分はすごく少ないのです。本当は、そうじゃないものが人間を動かしているのです。この人間を動かしている力を、不思議力と言うのです。

さまざまな形でいのちを生きているものを、仏教では衆生と言います。またそれを有情とも言って、これは新しい訳で、情《こころ》があるものと言います。しかし、仏教だけではなく、私たちが人間というふうに思っているのも、心のことを言っているのであって、体のことを言っているのではないのです。だから、亡くなった人に心を感じなくなったら、亡くなった人は単なる死体になってしまうでしょう。死体だと言った途端に、今までそこにいた人なのに恐くて近づけなくなったりするのは、心がわからないからです。親しい人なら、亡くなった体にまだそういうものを感じるでしょう。しかし、見ず知らずの人が道ばたで倒れていた、というような場合はどうでしょう。この心、心があるかどうかということが、人間を人間として感じる所以なのです。それを仏教では、有情と言います。情あるものと言っています。これがややこしいところですけれども、情というのはこころの用き全部を含んで情と言っているのです。いろんな揺れ動く気持ち、全部、情です。仏教では、情《こころ》を、識と意と心と、三つに分けるのです。「識」というのは何かといったら、言葉で考えることです。私は何も考えていないと言っても、考えているんです。何かいろいろと考えて思うことです。思うといっても、頭で思う。「意」のほうは、頭で思うのではないんです。これは、簡単に言うと心臓がドキドキするような形で思うことです。何か不安になると冷や汗が出たりとか、それから緊張するとドキドキするとか、そういうのがあるでしょう。思うといっても、頭ではわかっているけれども、体が反応してしまう。これが「意」という字の意味するところです。そして、「心《こころ》」というのは、自分がここにいることと、そのときに、ここは自分の場所だと感じて思う心です。隣に人が来たら、何となく落ち着かないでしょう。電車なんか乗っていても、満員ならともかく、ガラガラなのに自分が座っている隣に誰か座ってきたら、「どうして?」と思うでしょう。何故、この人は隣に座ったんだろう、と。そのときに感じる心があるでしょう。「識」でもない「意」でもない。そのときに、何か落ち着かない感じがする。これが「心」という「こころ」です。

好きな人が来て、隣に座ってくれたら嬉しいけれど、好きではなかったら、嫌でしょう。大体わかるんですね。初めての人でも不思議と、自分が苦手な人っていうのは近くにきたらわかるでしょう。これ以上近くに座ってほしくないから、五十センチくらいまでが限度とか、一メートルくらいが限度とか。それを決めているのは、「識」でも「意」でもありません。この「心」が決めているんです。自分の生きていることそのものが、ある用きを持っているから、いろんな意味で自分がいることを感じている。自分がここにいるということを感じているのです。「意《こころ》」とは違うでしょう。そんなに、ザワザワして心配ということではないんだけれども、何か感じている自分がある。「識」はいろいろ考えることと、「意」は何かいろいろ思いめぐらすことですが、思いめぐらすといっても、頭の中で思いめぐらすのではないのです。何かザワザワする。例えば、明日どうなのかなというのも頭で考えるんじゃなくて、何となく不安な感じを覚えたりするのも、この「意」です。ところがこの「心」というのは、自分がいることを感じている、もっと言えば、いることというよりも、生きていることを感じているのかも知れない。この三つが、人間の「こころ」を決めているのです。「情」とは何かといえば、とくに、識とか意とかいうこころが強い作用があるので、それをこころの用きとして感じることを「情」と言っているのです。

人間を動かしているものは何かといったときに、ひと言でこころの問題だといっても、こころにはこんなにたくさんあるのです。でも、人間が、自分が何かをするということを考えるときは、普通は「識」です。今、一生懸命、働かなければいけないと考えたり、あるいは今は休もうとか、これだけしたから楽しく過ごそうとか、そういって考えるのは「識」です。そういう意味では、普通、それを考えています。これはしかし、例えば人が溺れていたときに、この人は助けないといけない、助けたほうがいい、人間だったらこういうふうにしなければいけないとか思っている。そのときに、この「識」だったら、小さな子を見たら、この子は助けなければいけないと思うし、もう半分、死んでいるような人だったら、仕方ないかなと思って諦めることもあります。それは判断で、それも大事なことです。死んでいる人に一生懸命、用いていても生き返ってはくれません。よく地震や大きな災害が起こったときに、救助の人が行くでしょう。あの人たちは助けようと思って行っていますが、割と冷静に分類しているのです。この人は助からないなと思ったら、担架を後回しにします。残酷なことをするなと思うけれども、そうします。死んでしまった人は後回しでも仕方ないと思えるのですが、まだ生きているけれども助かりそうにない人は後回しにして、助かりそうな人を先に助けるということが現場で行われます。助からない人にずっと対応していたら、助かる人まで助からなくなるからです。だから、助かるか助からないかをきちんと選別して、助かる人をちゃんと助けて、助からない人は気の毒だけれども、後回しにしようという判断がなされるのです。これは「識」です。それで医者がやれるのです。

医者が助けるこころというのは、全部「識《こころ》」です。でも、患者さんが助けてくれというのはこの「意」です。あなたはもう無理ですよ、と言ったら、もう力が出なくなります。病院へ行っても、何とかしてくれと言われても、医者は何とかできるものしか何とかしてくれません。患者さんや家族は、何でもいいから、助からなくても助けてほしいと思って行っているのに、助からないのは助からないと言われたら、かなわないでしょう。そのときに、医者が助からない人に一所懸命になって、助かる人も助けられないというのも、これも困ります。そう考えると、ある意味で冷徹でなければならないというのも、医者の辛い面であるかも知れないし、でも、それはそれで、仕事としては許されても、人間としてはどうかなと思うでしょう。そこに、「意」というのがあるのです。重症だからこそ、死にそうだからこそ救わなければならないというのが「意」です。例えば、船が遭難して、何人かが生き残ったとして、食料が数人分しかなかったら、どうするか。一番弱っている人に食べさせたいと思うのが、この「意」です。でも一番弱っている人に食べさせたら、他の人がみんな死んでしまうからといって、一番弱った人には食べさせないでおこうというのは「識」です。さて、どうするか。究極の選択です。どちらを選ぶかというのは、その人の人生観もあるでしょう。最終的には、死んだときに後悔しない方法を選べばいいのです。生き残っても、一生、後悔することもあります。あるいは、生き残ったときに、余計大きな仕事を背負うことの覚悟ができないと、生き残ることもできなくなります。識と意というのは、そうやってしばしば矛盾します。決意といっても、個人の決意は最後まで迷いの連続です。川に溺れている人を飛び込んで助けようと思うのも、この識と意の働きです。

助けなければいけないと思って、自分が泳げもしないのに川に飛び込んで溺れてしまう。これも識と意の働きです。あるいは、自分は泳げないから仕方がないからと、飛び込まないで、溺れていくのをじっと見ているのも、それもこの識と意の働きなのです。このような、私たち一人ひとりの中にある、個人個人のこころの働きを識と意と言っているのです。

しかし、そういうふうにして人を助けるということよりも、もっと違うものがあります。それがこの、「心」という「こころ」です。これが不可思議の心です。あの人はこんなことをするはずはないということがあるでしょう。自分でもわからない、自分でもどうしたのかわからないけど、動いていた。助けようと思ったということよりも、飛び込んでしまったということです。助けたいとか助けたくないとか思っているわけではないけれども、飛び込んでしまったということがあるでしょう。そこに、「心」という「こころ」があるのです、人間には。

本能と言ってしまえば本能ですが、本能だったら逃げるでしょう。火事だったら火の中に飛び込んだりしない、火を見たら逃げるでしょう。本能だったら自分を助けなければいけないから、水の中なんかに飛び込まない。だからそれは、本能ではないのです。本能じゃない心が人間を動かしていて、その、自分では考えてもいない動きが人間というものを基礎づけているのです。人間というのは一体何かといったら、自分で考えもしないことをしてしまうものです。でも考えもしないことといっても、いわゆる本能ではないのです。不思議なことに、本能だけだったらそんなことはしないのです。人間は、だから突然、自分で自分の命を断ったりもするのです。本能だったら、命を断ったりしないでしょう。

しかし、識と意で自殺をするのかといえば、頭で考えたら、自殺をしても何もならないことはわかります。意で考えたって、自殺なんてしたりしないでしょう。いくら辛くても。そうじゃなくて、命を断ってしまうのは識や意じゃない心というものの働きがあるからです。だから命を断ってしまうのも、人間なんです。これはよく考えてみると不思議なことなのですが、生きたいと思うのも、死にたいと思うのも、何か自分自身の中にありながら、別の力がある。この「心」には力があるのです、私自身を生かすこともできるし、殺すこともできるような。人の命を奪うこともあるし、人の命を救うこともある。人を殺すなんてそう簡単なことではないですよ。ボタンでも押して人が死ぬのであれば、そういうこともするかも知れないけれど、目の前の人が死んでいくのを見て、冷静でいられる人はいないはずです。それは逆に言うと、他者の命を奪うことだけじゃなくて、生きようと思うこと、生きようという気持ちだって、へし折られることがあるのです。いくらあなたにこれだけのことがあって、これだけ明日は希望に満ちているから、明日も生きていこうと言われても、生きられないのです。病院に行って、癌だと告げられたら、みんながっかりして死のうかと思うでしょう。癌であっても明日は生きているんだからと言われても、そうはいかないのです。まだまだ大丈夫、まだ時間は残されているからその間に好きなことをしたらと言われても、好きなことが思いつかないのです。

好きなことが思いつかなくなるのは、癌だと告げられたからです。癌だと言われても言われなくても、やがては死ぬのですから、あ、そうかと受け止めて、あと何年か、一年くらいしか時間がないのだったら、好きなことをしようと思えばいいのですが、そう思うまでには時間がかかるし、思ったとしてもそれは無理矢理思っているだけなのです。癌だと告げられたときに、もう生きようという気持ちがなくなってしまう。人間というのはそういうものなんです。人間が何故人間かといえば、生きたいと思う気持ちを自覚しているからです。逆に、生きたいという気持ちの自覚がなくなったときに生きられなくなるのが人間です。

でも、九十歳まで生きて、明日も生きるぞと思って生きられる人は、本当に少ないのではないかと思います。多くの人は生きるのに疲れて、ただ目が覚めたから生きている。できたら、死ぬときは突然、目が覚めなくなって終わったらいいなと思っているのではないでしょうか。それでぽっくり寺に行く人が多いのでしょう。ぽっくり寺信仰というのが未だに続いています。でもそれは、もう、生きることがどうでもいいからです。生きたい気持ちの自覚がある人は、ぽっくりと逝きたいなんて思わないのです。生きたいという気持ちが人間の力であって、その気持ちは不思議な力なのです。

生きたいという力、その気持ちはどこから出てくるのか。これが一番、仏教が探し求めたものかも知れません。生きたい気持ちをもう少しはっきりさせると、往生という気持ちになるということです。往生というのは、生きる力です。それを、生きるだけではなくて「往く」と言っているのです。今、現に生きているのに、生きたいと言っている。今、現に生きているのに、本当に生きたいと思うのです、もっとちゃんと。外から見たら、充分に生きている。ご飯も食べているし、よく寝ているし、生きているじゃないかと思うけれど、でも本当に生きたいと言う。そのときの生きたいというのを、「往生」と言うのです。

往生とは生きること、しかし、それは単に生きるということではありません。往くという字があるように、生きるということには往くということがあるのです。往生の往、これは往くということですが、これは進んで行くことなのです。人生というのは、朝起きて目が覚めて生きているのではなくて、ちょうど道を歩くように、一歩一歩前に進んで行くことが生きていることなのです。だから、自分が生きていても、全く前に進んでいない、止まっているると思ったら、生きているとは思えないのです。生きる、生きるというけれど、道を歩くように一歩前に進んで生きている人がどれだけいるかというと、なかなかいないのです。しかし、だからこそ、生きたいという感情は、この往生として自覚されるのです。さらに、往生ということを、お浄土に行くこととして明らかにしていったのです。今、ここにいる世界から浄土という世界に行くことが生きることなのだと。今、生きているといっても、この生きていることがずっと同じではかなわないのです。毎日毎日、同じ顔を見て、同じことを言っていると嫌になるでしょう。夫婦なんていうのは全くそうです。長いこといたら、だんだん顔も見なくなってしまいます。だんだん嫌になって、顔を合わさないようになって、家庭内別居になってしまうのでしょう。亭主、元気で留守がいい、とはまさにその通りです。

　変わらない毎日でも、しかし、変わらないことはありません。年をとっていくから、少し皺も増えるかも知れないけれども、それはまあ、古びていくということでしょうが、そんな古びていくだけの相手を見たいわけじゃない。人というのは大体、毎日毎日、次の日もまた違うものに出逢いたいのです。それが生きているということです。ちょうど花が咲くときに庭に草花を植えるとわかるでしょうけれども、毎日毎日、芽が少しずつ伸びていくでしょう。いつもずっと同じままだとかなわないのです。花を植えたら、芽が出て伸びて、花が咲いてほしいなと、毎日毎日変化を求めています。それと同じように、自分が生きていても、生きていることで明日になったら違う世界に出逢いたいと思うものです。だから、退屈してくると、旅行に行きたがるのです。子どもだけじゃない、大人だって、あっちこっち行きたがる。休みになると空港に人が溢れて、海外に行くというのは、退屈しているんです。現代は（笑）。ちょっと休みがあると、すぐに遊園地へ連れて行ったりします。でも遊園地だって、毎日行ってごらんなさい。中には毎日行ってる人がいるかも知れませんけれども、飽きさせないように次々と趣向を変えて、遊園地は何回も来てもらうようにするのが遊園地だというふうに言っています。でも、そんな所、何回も行っていたら、普通は飽きてくるでしょう。毎日毎日の変化がないとやっぱり、いつかは飽きてしまうのです。そのことに早く気づくか気づかないかは別にして、何か違う世界を求めていこうとするのが、私たちが生きているということだと思います。生きるといっても、それは毎日毎日が変わらなければなりません。ただ、変わるといっても、地獄に向かって変わることもあるんです。生きたいと言ってもね。

昨日よりも今日のほうが悪くなっていくという、そういうこともあります。これはかなわない。変わっていきたいと言っても、変わっていきたい方向というのがあるのです。その生きる命が求めている方向を、お浄土と言うのです。毎日毎日平凡な生活をしていると、こんな平凡な生活よりも何か変わったことがしたいと思うのです。こんなことだったら、まだ地獄のほうがいいと思うのです。でも、本当は地獄に行きたいわけではありません。変わりたくないわけでもありません。変わりたいけど、それは浄土に向かって変わりたいのです。往生したいということはそういうことです。人生というのは、生きたいと言うけれど、生きたいということの内容はみんなお浄土に向かって、生きていきたいのです。お浄土というのは一体何なのかということをはっきりさせると、人生に、生きるという方向がはっきりするでしょう。生きたいということの意味がよくわかるのです。それが、この不思議の力によって支えられている人間が生きようとする、その生きようとすることが示している方向なのです。生きるというのは方向を持っているのです。

そういう意味では、往生浄土と言ったときに、浄土というのは、西方浄土といって、西方と書いてあるでしょう。西だと。西方浄土と言っています。その西方というものの示している方向は何かということが、非常に大事なことになっていくのです。西方というのが何かというのを明らかにするために、観無量寿経では、日想観を説きます。最初に、浄土というのは何処にあるのだということを言ったときに、お日様が沈む方向にあるんだと言うのです。一日が終わって陽が落ちて、その昏れていく時間の中で、その陽の沈む方向に浄土があると見つけました。不思議なことですね。私たちも夕陽を見たときに、一日が終わっていくということとか、そういうことを見てしまうわけでしょう。朝日を見たら元気になるけれども、夕陽を見たらもっと違った感情を持つでしょう。それが、浄土往生を願う、生きたいという感情なのです。普通だったら、生きたいというのは、朝日を見たときに思います。今日も一日頑張るぞと。でも、違うんです。朝日だったら、今日一日頑張るぞというだけだけど、夕陽を見たら、一日が終わって、さあこれから自分は、明日は何をしようかと思いませんか。明日といっても、明日に希望があるわけじゃないですよ。だけど、夕陽を見て、自分の今まで生きてきた方向というものを、もう一度確かめるような感情が出てくるでしょう。人生の終わりでもそうです。人生の終わりには、自分が今まで、どう生きてきたかなということが思い浮かんで、自分が今まで進んできた道が見えてくるでしょう。確かにこう生きてきたんだと。何かできたかどうかわからないにしても、でも、今、自分が終わりに向かって、その人生の終わりに立ったときに、今まで自分はどんな生き方をしてきたのかと、どんな方向を向いていたのかという、その方向がはっきりしてきます。自分はこっちに向かって生きていたんだと、その人生の目指していた方向がわかるのです。確かにここを求めて生きていたんだと、地獄じゃなかったと。生きるということはここに向かって生きていたんだと確信するのです。どこに向かって生きたかによって、到達するかしないかはどっちでもいいけれども、どこに向かって生きたかということで、人生は変わるのです。地獄を目指して生きてきた人は、地獄へ行かなくても地獄を生きているんです。でも自分がお浄土を目指していることがわかれば、どこにいても、地獄の中にあっても、お浄土を目指していれば、お浄土を生きているんです。そのときに、日想観として、西方ということを示されたときに、その西方によってかえって自分が生きてきたことの歴史を背負うことによって、自分の人生の方向が見えるのです。どう生きてきたかということは、どこに行くべきかを自らに知らせることができる。それが西方なんです。

西方というふうに言って、お日様が沈むところを見ろというのは、僕は非常に大事だと思う。私たちは、あまり夕陽をじっと見なくなってしまったけれども、やっぱり夕陽を見なければいけないのかも知れません。夕陽を見て、その夕陽の向こうに自分の人生を見ていく練習をしなければならないと思います。朝起きたときに、お日様を見て、頑張ろうというのは、これは太陽とともに起きていく、神社の信仰だけれども、でも真宗の信仰は夕陽とともにあるのです。これはたいへん大事なことです。そのときに西方というのは、今まで生きてきたその結果として、人生そのものが一つの終わりというところに向かっているんだということを知ることです。これを「畢命を期とする」と善導は言いました。「期」

というのは「その時」、命が終わる時を、自分の一つの区切りとして、「その時」を待ち続けると言うのです。だから、命が終わる時を意識して、その時を待ち続けて生きてみようではないか。みんな死ぬことなんか忘れて生きたいかも知れないけれども、死ぬことからは逃れられないのだと、善導は言っているのです。

それで、その命を終わる時、その時というものを、意識して、生きてみようではないかというのが日想観の思想です。それを「畢命を期とする」と言うのです。日想観によって西方ということを言うのは、人生の方向がそちらにある、命終わる時に向かっている、ただ終わるのではなくて、終わりに向かって歩いていることを教えています。黙って座っていても、寝ていても、死ぬということです。僕は昔考えました。動かなかったら長生きできるのじゃないかなと、じっとしていようかなと思いました。もしかしたら動かなかったら長生きできるかなと、なるべく動かないようにして、なるべく目を覚まさないようにして、一日中寝ていてやろうと思ったことが子どもの頃あったんです、死ぬのが恐くて。十歳くらいのときです。しかし、なかなか寝られない。それで起きてしまって、これで命は縮まったと思ってすごく怖かったことがありました。でも寝ていても死にますよ、やっぱりね（笑）。当たり前のことだけれども。そうやって、じっとしていても亡くなりはする。命というものを、その終わる時に向かって歩いて行く。一歩一歩、その死というものを意識しながら人生を歩んで行くことを、「畢命を期とする」と言うのです。

命の終わりを意識しながら、その終わりに向かって一歩一歩生きていけるかどうかということです。その時に、人生というものの終わりが見つかったら始まりが見つかるのです。その始まりが、西方浄土に対して、東側にある、穢土です。しかし、穢土と言うけれど、何が穢れているのか。浄土は何が浄らかなのか。それは、命の浄らかさと命の穢れです。何故、桜は美しいかといったら、咲いてパッと散るからでしょう。パッと散るというのは、命が移り変わっている様がすぐ見えるからです。長いこと咲いている花よりも、一瞬のほうが感じやすいのです。なぜなら、それは命そのものを感じるからです。子どもを見ていたらそうでしょう。どんどん大きくなっていく。生まれた時に、かわいいなと思っても、すぐに変わっていく。子どもは、でも、どんどん変わるから、いくら変わってもかわいいでしょう。生まれた時に、赤ちゃんを見ていると、本当にこの子はどうしてこんなにかわいいんだと思うでしょう。どんどん大きくなってこの子憎たらしくなったなと思っても、憎たらしくなってもまた、その変わっていく様がかわいらしい。三つになっても六つになっても、親から見たら二十歳になっても五十になってもかわいいのです。変わっていく命の姿がいとおしく、その命に感動するのです。この命の感動の世界が浄土です。穢土というのは、命が変わらなくなってしまった世界です。浄土の命がキラキラ輝いているのは、変わり続けている命だからです。同じ人がずっと止まるんじゃないのです。浄土の中でも同じ所でじっとしているのは、それは疑城胎宮です。お浄土の中で、それこそ、お城みたいな所に入って、何一つ不自由ない生活をするわけだけれども、出て行くことができない。それではお浄土の中にあっても、お浄土とは言えないのです。本当のお浄土というのは、そこに行っても、ずっと居たらいけないんです。お浄土から出て行って、初めて、お浄土の命になるのです。お浄土に次々いのちが生まれてきて、お浄土に生まれたいのちがまた次々そこから出て行く。お浄土の命の輝きというのは、そこにあるのです。お浄土の花というのは、毎日毎日咲くのです。蓮の池に。でも、朝、花が咲くと全部、菩薩が摘んでしまいます。いつも空っぽなんです。でも、その毎朝毎朝、花を摘んで、毎朝毎朝、咲いていくことで、花がずっと変わり続けているから浄らかなんです。

この世界のお花畑でもそうでしょう。次々とお花が変わっているから浄らかなのです。だからこの浄らかさ、それに対して穢土というのは変わらない世界です。私たちが穢れるといって感じるのは、変わらないことです、命が。命の浄らかな部分。河でもそうでしょう。澱んでしまったらだんだん清らかではなくなります。命は流れることにおいて浄らかなのです。だから穢土というのは、そういう世界を言うのです。生きているといっても、ただ生きているだけだと、進んでいません。止まっているということです。家庭の中でもそうです。人間関係が止まってしまったらだめでしょう。だから、子どもが生まれたら何が嬉しいかといったら、子どもがどんどん育つだけで家族が毎日毎日少しずつ、家の中が変わっているように思うからです。子どもが小さい間はどんな家でも賑やかで、命が輝いているような感じを受けるでしょう。子どもと一緒に、親も変わっていくからです。でも、子どもが巣立ったら、子どもの力がなくなったら、夫婦だけでは変わることはできなくなるんです。穢土を生きていたのです。

阿闍世と韋提希と頻婆娑羅王もそうだったのかも知れません。阿闍世が大きくなっていくときは非常に大切に育てていったけど、大きくなってしまったら人間関係が全く変わらなくなってしまった。そのときに、穢土というものが生まれてきたのです。その穢土から西方の浄土に向かって、その命が浄らかになる方向に向かって進むことを、人生を生きると言うのです。年を取るということは、命が浄らかになるのを求めていることです。もともと私たちは浄らかな命を受けたかも知れないけれども、その命が、人間は年は取っていくけれども、命が、人生をきちんと経験して進んで行かなかったら浄らかになりません。生きるということはそういうことです。そして、その生きることが、一歩一歩、穢土から浄土に向かって進んでいるということが、人生を生きるということです。長い間生きたということは、昨日より今日のほうがお浄土へ向かって進んだということです。それは命が浄らかになったということです。だから真宗の教えを聞くということは、一歩前に進むことによって、昨日とは違った人間関係が広がることなのです。

親鸞聖人という方は、おそらくそうやって人間関係がどんどん変わっていった人だと思います。優しい人というのは、日蓮さんが優しい人の代表です。手紙を見ても優しいです。でも、親鸞聖人は、そういう優しさではなく、人生を生きることに対して、命が変わっていくことの尊さを知ることによって、人間の命の尊さを知った人です。だから、ある意味で、御同朋・御同行といったのは、同朋・同行と言われている人たちの命を敬ったときに初めて出てくる、尊敬しているからなのです、命を。年を取って浄らかになるというのは、命に対して浄らかさを求め、命そのものを尊敬し始めることです。人間を尊敬するのではありません。命を尊敬するのです。人間というものは、年を取ったからといって別に偉いわけでも何でもないし、だんだん本当に生きるということを忘れてしまって、生活の中で失ってしまうものも多いのです。だけど、生活の中で失わないもの、そういうものを見つけたときに、人間は年を取ることによってどんどん浄らかになっていきます。そういう人がやっぱり、実際にいらっしゃるのです。名もなき人の中にも、生きることで、人生を一歩一歩進むことによって浄らかになっていく。そういう浄らかな生き方を求めていくことを、生きると言うのです。生きるというのはそういうことを言うのです。これが生きることです。

それなら浄らかでないのは何かと言ったら、活という字があります。生活という字の活。浄らかじゃないといっても、別に生活ということが浄らかではないと言っているのではありません。活の中で生を忘れてしまうこと、それを浄らかでないと言うのです。

活ということが浄らかでないというのは、人間を浄らかでなくしている、畏れがあるからです。浄らかな人に畏れはないのです。でも、浄らかでない人には畏れがあって、一番最初にあるのがこれです。不活畏と言うのです。もっと言えば、死畏。死ぬことと生活できないことが怖くなる。それから、悪名畏。名前というのは大事なことで、悪い名前ということではなくて、名前というのは自分にとって大切なものですけれども、その名前によって、自分というのはこういうものだということを言いたいのだけれど、こんな名前は嫌だというのもあるでしょう。そういう名前になってしまう。自分の名前が何か用きとして、子どもでもそうですが、大体、いじめるときにあだ名をつけているでしょう。あだ名をつけて呼ばれたからといって、どうってことはないはずだけれども、その名前によって自分の存在が変わってしまうから嫌なのです。子どもがあだ名をつけていじめたりするけれども、大人からしたら、しょうもないことを言っている。でも本名でない名前をつけて、からかうことができるというのを、悪名と言うのです。それは、名前によって自分というものを確かめているからです。この名前というのは、単に名前ではないんですね。名前というのは、名前をつけた人がいるでしょう。名前を呼んでいる人がいる。これは名号ということもそうだけれども、名前によって誰と生きているのか、名前によってどんな人の思いを受けているのかということがあるのです。それから、堕悪道畏。悪道に堕ちる畏れです。生活の活の中身は何かといったら、この畏れから逃れようとするのが活なのです。恐いから生きているんです、毎日毎日。もう一つは、大衆威徳畏。これは人間社会への畏れを言うものです。ですから五つの畏れというのは何かといったら、生活を支えている畏れなんです。毎日毎日食べられなくなったらどうしよう、死ぬのは嫌だから死なないようにどうしよう、悪道に堕ちて、まっとうな人生を送れなくなったらどうしようと思っています。この頃は、お天道様に顔向けできないなんてあまり言わないけれども、まさにお天道様に顔向けできなくなったら生きられないのです。それから大衆威徳畏です。一人で孤立してしまったらどうしようとか、みんなと違ってたらどうしようとか、これらが生活を支えているでしょう。私たちの生活を支えているのはこの五つの怖さです。これを五怖畏と言います。

阿弥陀さまの印相には、施願印というのと施無畏印というのがあります。施無畏印というのは、無畏、畏れがないようにするのが、阿弥陀さまの私への用きだというのです。無畏を与えるのです。生きることを畏れず、生きさせてくれるのが阿弥陀さまの用きの一つの大事なことなのです。その活として、生きていることによって畏れると、生きているといっても、この畏れによって生きているのが生活です。だけど、その活という形で、畏れながら生きているところには人生の生の意味は見えないでしょう。日々生きることはあっても。ここから、この畏れを越えることによって、生活の活ではなくて、生活によって見失った命をもう一度、取り返そうというのが、それがもう一つの阿弥陀さまの用き、施願印というのです。願を施すということ、畏れではないもの、畏れではなくて、人間には願というのがあるのです。何故、生きたいと思うのか、生きたいということの根底に、願いが与えられているからなのです。この願の用きを受け止めた喜びを、「弥陀の誓願不思議にたすけられまいらせて」と言われるのです。

今日の話の最初に、生きたいと思うということこそが不思議だと言いましたが、その思いが自分の中にあるということではないということを言いたいのです。人間が人間として生きたいのは、人間として生まれたことを喜んでもらったということの記憶があるからです。他のものではない、人間として自分の生まれたことを喜んでもらったという記憶です。それは、親が喜ぶか親が喜ばないかではないのです。生まれたことそのものを、みんな喜ぶのです。そういう喜ぶという感情を知りながら、生まれてきているのです。生まれたことを私は全面的に受け止めてもらっているということが、記憶の中にあります。それは何かといったら、生まれたことが、例えば花だってそうだけれども、種を撒かれたら別に誰がどう言ったわけでもないけれども、その種がやがて芽を出して花になることを、その花自体が願われているのです、命に。雑草だって、ちゃんと花が咲くことを願われているということを知っています。私たちだってそうです。生まれたときに、そういう願いの中に生まれたことを知っています。これが願ということなのです。弥陀の誓願というのはこのことなのです。弥陀の誓願というのは、命あるものがみな花開くように、どんな命も花開くように生きてほしいという願いが掛けられているということです。だからそれが、不思議という形で私たち人間の中に用く力になっている。人間として。だから私たちは生きるのに、ただ生きるのではなく生きたいと、あるいは死すらも考えてしまうのです。それは、私が忘れてしまっている私そのものの命の力があるからです。しかし、その力のもとになる願いに気づいたときには、その力が不思議な力として、人間が生きることを助けるもの、「弥陀の誓願不思議にたすけられまいらせて」と、人間が助けるものになるのです。

これは非常に大事なことです。こういう願いといったときに、人間関係の中の、母親の愛情であったりとか、家族の愛情というような形で願いというものを了解してしまうことがあるけれども、願いは、そのような、母親とか家族の愛情を支えている（愛情の）その向こうにあるものなのです。これに気づいたときに、「弥陀の誓願不思議にたすけられまいらせて、往生をばとぐるなりと信じて」という言葉になるのです。それによって、私たちはきちんと生きていけると。それは、生きる方向が浄土に向かって生きているということです。人間、どんな人も浄土に向かって生きているのです。ちょっと悪ぶって私は地獄に行きたいと言っているけれど、言っているだけです。地獄なんかに行きたいことはありません。地獄なんか行きたいと思わせないために、地獄絵図を描いて、こんな所に行きたいなんて思う人はいないだろうというのです。現代だとそんなものは絵に描いた餅だ、絵に描いただけだと思っているから、地獄だっていいわと、行ったことがないから言っているのです。だから、地獄なんか行きたくないだろうと思わせるのが、お浄土のひとつの用きでもあるのです。

『往生要集』で源信僧都が、地獄というのはこういう所だといって、一番最初に、地獄の様をずっと書いていきます。その地獄だということを聞いたときに、こんな所に行きたくないということをみんなが感じるだろうと思ってのことです。世の中、地獄も極楽も想像しなくなって、死んだら何もないだろうと思っているでしょうが、でも自分の生きた先にあるものが地獄か極楽かぐらいはわかるでしょう。自分は、生きてその先にあるものとして一体何を求めていたのか。そう自分に問い直した時、地獄というものではなくて、極楽を求めて生きているんだと気付いた時に、「弥陀の誓願不思議にたすけられまいらせて」と言うのです。そして、往生をばとぐるなりと、往生をとぐると書いてあります。とぐるというのは「遂」、この字を書きます。完遂する、最後までやり遂げることです。それは、死ぬまでちゃんと生きられることです。それを往生を遂げると言うのです。いつかお浄土に行くのではないのです。死ぬまでお浄土に向かって歩き続けることを、遂げると言っているのです。「往生をばとぐるなりと信じて」と言っているでしょう。ここが「信じて」です。初めて出てきた「信」です。信じるというのは何かというと、それは、単にそうだと思い込むことではないのです。世間では信じるとは思い込むことだと思っていますが、そうではありません。信じてというのは、とぐるなりと、はっきりと自分の中でわかることを言うのです。善導はこのことを、信知と言っています。信じるではなくて、信知、知ることを言っています。

人間というのはややこしくて、頭が発達した分だけ頭に振り回されてしまうから、信ということも、頭で信ということを考えてしまうのです。でも、これを信じなさいといって、はい信じますと、そんな信じるものではないのです。信じるか信じないかは、向こうから来るものです。有名なキリスト教のパウロという人がいるでしょう。パウロという人は、キリストのことを信じなかったんです。だけど、雷に打たれそうになったとき、そのときに信じたのです。信じるというのは外から来るのです。自分で信じようと思って信じることなんかありません。昔の人は雷が落ちたら、菅原道真を左遷したので、京都で雷が落ちてきて大変なことになっているのだと考えました。やっぱり祟りだと思って、信じたのです。最初から信じていたのではないのです。信じるというのは、何か突然起こってきたものに対して信じることです。私たちだってそうでしょう。靴の紐が切れたら何か悪いことが起こるとかよく言うけれども、本当はそんなことを言っても信じません。しかし、それが三回くらい続いたら、本当だ、と思って、信じてしまうでしょう。それからずっとそのことを信じている。有名な選手になっても、右足から出ないと勝てないとかいって、右足からわざわざ出直したりするでしょう。そんなものは迷信です。迷信なんていうものはそんなものです。でも、迷信というのは、信じているように見えて、実は信じさせられているのです。自分が信じているのではなくて、信じさせられているのです。それは、「迷」と書いてあるから、そのときに正しく信じているのではなくて、迷って信じているのです。迷じゃない、正しい信を正信と言うのです。迷信じゃなくて正しい信、正信念仏偈です。正信念仏偈というのは、正しい信。それも、決して自分が、正しく信じるのではなくて、正しい信なのです。

それは、この信じてというときに、信というのは、これは、仏教というのはこういうことを細かく考えていくのです。それは何故かといったら、人間の智慧でごまかされないために、人間が何をごまかしてきたかということを、それを注意深くみてきているからなのです。

そこで、唯識では、信というのは何かというときに、一つは、信忍といって、まず一番最初に信じるのは何かといったら、実有を信じると言います。何を信じるのかといえば、自分がここに生きているということをはっきりと信じなさいと言う。自分が生きていることはわかっているかも知れないけれども、本当にわかったなんて言えないのです。心の病になったりして、そういう生きている感覚がなくなってしまうと、自分が生きていることさえわからなくなってしまいます。だから朝起きて、ああ、自分は生きているなと思えなくなるのです。目が覚めてここにいるんだと思うんだけれども、病気になると、私は生きているという感覚がなくなっていくのです。だから、そのときに生きている感覚として受け止める一番最初が信忍だとして、実有を信忍するのです。もう一つは信楽です。これは有徳を信じるということです。命を持っているものは、単にあるのではなくて、そのことによって命というものの素晴らしさとか、命を持っていることの意味とかそういうことがあるのです。生きていることに意味があるのです。それを信楽有徳と言います。徳というのは仏法僧のことです。仏法僧といったら、仏と法と僧のことですが、ここで言う徳としての仏法僧というのは、生きていることに意味があるということを表しているのです。そして信楽の次にあるのは、楽欲です。これは有能といって、私も人生を生きていくことができるということです。私は生きている、だから私は生きていけるんだということを、それを信じるのです。それが信知です。「往生をばとぐるなりと信じて」というのは、そういうことです。

人生というのは、単に生きているのではなくて、生きていくものです。そして生きていくということにおいて、生きていることの意味と素晴らしさがわかるんだということが、自分で感じられることなのです。咲いた花を見て、綺麗だと思う人と、綺麗ではないと思う人があります。どれだけ花が咲いても、何も思わない人もいます。でもそのときに、花が美しいと思っているのは、単に見た目が美しいのではなくて、花の中に、その花が咲いたこととか花が咲くことの素晴らしさを知っているからです。それを信じると言うのです。その信じるという感覚がなかったら、どうにもならないでしょう。そのときに「往生をばとぐるなりと信じて」というのは、自分が毎日毎日生きていることを、そしてそれは人生の道を一歩ずつ進んでいることを、しっかりと知ったということです。それがここに書いてある、「往生をばとぐるなりと信じて」、というところまでの話です。

ここまでくると、「念仏もうさんとおもいたつこころのおこるとき」と書いてあります。これはまさに不思議です。生きようとしたときに何故、念仏なんか出てくるのだろう、要らないじゃないかと思うでしょう。ところが、これは生きようとした人にしかわからないことなのです。生きようとしたときには声が出るのです。声が出るというのは、それまでは静かに、黙って生きていたということです。でも生きていくぞと思うのは、生きることをみんなに伝えたいということです。甲子園で子どもたちが、選手宣誓と誰に言ってるわけでもないけれども、やるでしょう。あれは何故、あんなことをするのだと思うけれども、宣誓というのは、伝えたいのです、自分たちがここにいることを。言わされているということではないのです。声をあげること、生きることは声をあげることなのです。選手宣誓を見たときに、もう行事になっているから誰かがやっているみたいに見えるけれども、実はそうではないのです。生きることに誓うのです。宣誓しているのです。それは、自分が生きようとしたときに、そのことを声としてあげたことで、誰に伝えているかといったら、自分が生きていることを世界に伝えようとしているのです。私はここに生きていると、叫びたいのです。嬉しいのです。今までじっと一人で、この世界の片隅に、世界の中で一人ひとり生まれてきたんだから、じっと息を潜めて生きていたのと同じです。あまり人の迷惑にもならないように、なるべく恐いことがないように、じっとして不幸な目に遭わないようにと、じっとして息を潜めていたけれど、それが、自分が生きているぞと世界に叫ぶのです。それが「念仏もうさんとおもいたつこころ」ということです。すごいでしょう。だから、念仏は、生きているぞということの叫びなのです。それが南無阿弥陀仏です。南無阿弥陀仏と言っても、本当の南無阿弥陀仏というのは、自分が生きているぞということを表現するような心が、「念仏もうさんとおもいたつこころ」の起こるときです。そうなったときに、

すなわち摂取不捨の利益にあずけしめたまうなり。

ということになります。摂取不捨と書いてあって、そのときに自分が命の叫びを上げた、その叫び声を聞いたものたちが、その声によって、たくさんの命が繋がるのです。一人ではない、生きることは一人ではない。例えばそうやって生きてきた。あるいはその前に亡くなってきた。一番辛いのは何かといったら、死んだ人との別れです。そうでしょう。死んだ人には出会えません。でも、生きるぞという声をあげたそのときに、また死んだ人とも繋がれる、回復するということです、念仏によって。私は生きていると言ったら、死んだ人が応えてくれる。繋がるのです。それが摂取不捨ということです。摂取不捨は念仏に

よって命が繋がっているということで、声によって、亡くなった人の声も聞こえてくるということです。真宗の教えがある意味で、いろんな形で言われていますが、念仏というものが本当にあげられたときに、一人ではない、繋がりの中にあるということを、個人の努力でどこまでわかるかは別にして、こうやって一緒に、念仏とは何か、信心とは何かということを法座の中で日々一緒にそういうことを考える、一緒にといっても一人ひとり考えるということですが、こうやって一緒に話を聞きながら、座を共にするということは自分で考えているだけではありません。隣の人がどんなふうに思ったかということも、一緒に感じているのです。勉強というのは、一人でするものです。でも、聞法は一人でするものではない、二人、三人とするものです。隣の人の声を聞きながら、感じていくものです。勉強は一人でしたらいいんですよ。人の話を聞いていてもしようがない。だけど、聞法は、隣の人と一緒に学ぶのです。これがその摂取不捨の利益です。そこに、この人も私も、同じ。そうして考えたときに、この願いというものが決して一人ひとりのものではなくて、むしろ、同じ願いをみんな一緒に持っているということを感じるのです。だからお念仏をもうして、一つの場所で聞法して集まって、そこで考えたことが、この願いというものに自分自身が触れていく一番速い近道だということがわかるのです。だから、真宗では一人ひとりが学ぶということだけではなくて、御同朋、御同行と共に、お念仏していく集まりを大事にするのです。それは法然上人の法座から学ばれたことだと思います。法然上人の所へ、老少善悪のさまざまな人が来られました。その中で、その人たちが念仏を介して出会っているけれども、出会いながら念仏の中に確かめていった願いというものに、その願いの用きの大きさ、素晴らしさに親鸞聖人は感動したはずなんです。だから、親鸞聖人はこんなことを言っています。後序（『聖典』三九九頁）のところで、

建仁辛《かのと》の酉《とり》の暦《れき》、雑行《ぞうぎょう》を棄《す》てて本願に帰す。

雑行を棄てて本願に帰す、と親鸞聖人は言っているのです。これはどういうことかというと、雑行というのはいろんな修行のことです。雑《ぞう》と書いてあっても雑《ざつ》なことではありません。さまざまな修行のことです。そういうものを棄てて、普通ならこれは、法然上人は正行に帰すといって、お念仏一つにします。お念仏に帰すのならわかります。本願に帰すと言っているのです。お念仏に帰するのではないのです。本願に帰するのです。これはどういうことかというと、お念仏を通して、そこにお念仏の隣で、お念仏の繋がりの中に現れてきた本願に帰しているのです。阿弥陀さまの立てた本願ではないのです。お念仏の中に生まれてきた本願に帰すのです。間違えたら駄目です。本願といったら法蔵が立てた四十

八願で、お念仏の先にあるだろうと思いますが、違います。お念仏の中にある本願です。いろんな人の念仏の声が重なったときに、そこに本願が見えるのです。人間の願いとか、人間の悲しみとか。だから本願と言ったときに、これは単に本願ではなくて、悲願とも言います。それは何かといえば、悲しみの中に感じる願もあるのです。こう考えると人間てすてたものじゃないんだと、人間の素晴らしさがわかるのです。人間の素晴らしさに気づいた人なんです、親鸞聖人は。だから私たちは親鸞聖人の言葉を聞いたときに、その言葉が七百五十年も経っても、今でもその言葉を聞いて、何か元気になるのです。そのときに、元気になって、生きることを畏れなくなって、きちんと生きることができることを真宗の救いと言うのです。生きることから怖がって、違う所へ逃げ込むことではないのです。自分が生きること、そのために自分がそこに踏み出すことができて、そういう力をもらうことを真宗の救いと言うのです。真宗の救いというのは、生きることに対する勇気を与えられることです。

キリスト教のパウル・ティリッヒという人が、ある本の中で、宗教というものの力をCourage to be と言われています。be というから、存在すること、あるいは生きていることに対する勇気ということです。これを以前は、「存在の勇気」と日本語に訳されていました。また「生きる勇気」とも訳されています。でも、私たちにとっては「生きる勇気」

ではなくて、「生きて行く勇気」なのです。この生きる勇気に先立ってあるのは、Courage of despairといって、「絶望の勇気」なんです。人生から逃げないということです。さらにティリッヒはCourage to acopt acceptanceと言っています。これは、生きていることは、生きようとしたことによって、それを迎えられている。生きようとするものを決して排除しない。生きようとしたときに、その生きようとする命を迎えているということです。畏れることなく生きていきなさいということです。これがティリッヒが言ったことなのですが、これを一つにまとめて、親鸞聖人は、「生きて行く勇気」と教えられているのです。それは往生するということ、往生することは勇気がいるのです。

命というものを私たちは見失っているから、命の世界というのは恐い。命の力、命の声があるから、私たちは生きようとすることもあるし、死のうとすることだってあるのです。despair（絶望）と書いてあるのはそのことです。だけどそのときに、西方の浄土と東の穢土とを結ぶ白道があります。ここから一歩出ていくこと、すなわち、ここは火の河に焼かれ、水の河に洗われて、溺れるか焼け焦げるかする危険があります。そういう危険な所に立ったとき、私たちはいろいろなことを考えます。人生でも、生活のこともあるし、生活を守るとかいろんなことがあったときに、今日からじゃあ、人生を生きるぞ、毎日変わっていくぞと言ったら、大変なことになります。でもそのときに、そのことに気づいて、このままでいいかといったら、このままでいては自分は自分でない。変わろうと思っても困る。かといって元に戻ることもできない。それを三定死と言うのです。回らば死せん、住まらばまた死せん、去かばまた死せん。その三定死を越えるためにどうするかと。その時に、前《さき》に向かって進まん、と言うのです。前《まえ》に向かうというのは、とにかく今、一歩踏み出そうとすることです。明日に向かって生きるというよりも、生きることの姿勢を、それまでただただ生きていたことを、今、前に向かって一歩進もうということなのです。それが生きて行く勇気なのです。全然違うでしょう。一歩踏み出すこと。その力がここに書いてある、「念仏もうさんとおもいたつこころのおこるとき」というものです。

真宗の救いというものはここにあるのです。だから真宗の教えを聞いたときには、どんなときにも、死ぬまで生きていくことから逃げない。人間は、生きていることから逃げたくなるんです。でも、逃げないで生きていこうとするんです。ある場合には、死ぬことだって生きていくことですよ。生きてるから死ねるんです。例え明日死ぬことがわかっても、それに向かって一歩前に生きていくんです、死を畏れずに。そういう生き方をしたときに、自分自身が今まで個人として生きていたものを越えて、人間という命そのものになって、それこそ人生を畏れることなく、生き切ることができるのです。これが真宗の最も大切な教えだというふうに、親鸞聖人は言ったんです。だから真宗の教えを聞いた人たちは、生きることを絶対に諦めません。諦めないといっても、生に執着するのではないのです。死ぬのが嫌なんじゃない。死ぬまできちんと生きるということです。そしてその死ぬことも、決して終わりではなくて、自分の人生にとっての大切な仕事として、その死を通して、摂取不捨として、そのことが、次の命に伝わっていくと信じるのです。そのときに、人間の生き方は変わるのです。やけにならないで、きちんと生きられる。そういう生き方の正しさが親鸞聖人の言葉として残されて、その言葉によってたくさんの人が、ちゃんとした生き方をしてきたのだと思います。

だけど、それがだんだん、先ほど言ったように、不思議ということがわからなくなってしまって、何でも思議して考えて理解してしまう時代の中で、私たちはせっかく真宗の教えを聞きながら、そのことに遠ざかりつつあるのです。以前よりもっとしっかりとそのことを考え直さないと、せっかくそれによって救われた人間が失われてしまいます。今、ある意味で今日は、人間そのものがなくなりつつある時代だと思います。だけどそれを回復するものが真宗にあることを信じて人間を回復したときに、自分の命も変わるのです。自分に繋がる命も変わるし、そしてそれと同時に、一緒に生きている世界が変わるし、世界が輝き始める、それがお浄土です。お浄土というのは向こうにあるのではないのです。生き方によって、そこに広がる世界がお浄土です。お浄土に行こう行こうと思わないでも、お浄土に向かって生き始めたら、自分の前はお浄土になるのです。そういうことを親鸞聖人は、生涯をかけて明らかにされているのです。せっかく親鸞聖人の教えに縁のあるお寺に関わるような生き方をされてきたんだから、自分で選んだわけではないかも知れないけれども、そのことに触れた喜びをもって、自分の生涯をかけてお念仏というものを、お念仏の叫びをあげられるように、その叫びが次の世代に届くようにということを、親鸞聖人の願いとして、私たちは生きていかなければならないのではないかなと思うのです。

今日は『歎異抄』第一条のお言葉を一つずつ確かめてきました。そこでは、念仏ということが単に念仏してというのではなくて、「念仏もうさんとおもいたつこころのおこるとき」と言われています。「おこるとき」、この「とき」も大事なんですよ。それはどういうことかというと、思い立つのはある時を持たなければならない。いくら頑張っても起こらないということもあるのです。ですから、私たちは「念仏もうさんとおもいたつこころ」が起こらなくても、往生がとぐるなりと信じて、生きようとしなければならないのです。そのときに、「念仏もうさんとおもいたつこころ」が起きる時があるのです。しかし、それはいつ起こるかわからない。それを、僕はCourage of despair（絶望の勇気）と書いたけれども、先ほど、三定死と言いました。回らば死せん、住まらばまた死せん、去かばまた死せんという三定死です。二河白道の話を思い出してください。火と水で闘ぎ合う所に一本の道が現れてきます。その道が現れた所に立って、往生ばとぐるなりと信じて、というのは、そこの道を見つけたということです。でも、その道に立って進もうとしたときに、行き詰まるんです。人生に行き詰まらなければ、声は聞こえてこないのです。さまざまな苦しみや悩みはあるかも知れないけれども、それよりも、人生に行き詰まるときがある。その人生に行き詰まったときに、念仏もうさんとおもいたつこころのおこるとき、といって、そのときには何か自分を越えて、自分の中に起こってくる声が起こってくるのです。自分じゃないものが出てくるということです。念仏もうさんとおもいたつこころのおこる、さっき言った、前に進むというのもそうです。進んでも死ぬし、下がっても死ぬし、ここにいても死ぬというときにどうするかということですが、そのときに前に行こうと思うのです。そのときに不思議と思われるのです。生きているということはそういうことなのです。前進するしか生きているということはないということを、どこか信じているのです。後ろ向きでは生きられないのです。生きることは前に向かって進むことです。前に向かって進むということにおいて、その一歩踏み出した時に「おもいたつこころのおこる時」と言うのです。

それはいつなのかということは、これはわかりません。もしかしたら、一生来ないといれません。でもそれは、自分の所に聞こえるということと起こっていないこととは別なのです。三定死のように、厳しい人生の中で、そこまで立ち向かわないでもいいことがあるかも知れません。でも、それが誰しも、必ずあるというふうに僕は思います。何故かといえば、自分が死ぬということを本当に感じてしまうことがあるからです。死ぬまでボーっとして死ぬことがわからずに死んだら、こういうことはないのです。眠っているようにずっと起きている。いや、眠っているようにではなく、目が覚めずにずっと生きていることを自覚しないで、そのままずっと死んでしまう人はいないのです。どこかで自分が死ぬということを知ったときに、目が覚めるのです。生きていることに気づくのです。逆に言うと、生きているということを知ったときに、死ぬことを知るのです。

人間は、残念ながら、ボーっとして生きているか死んでいるかわからないままに死ぬことはできないのです。誰でもそうです。自分は死ぬということを知ってしまうのです。子どもでもそうですよ。小さな子どもが病気で亡くなるときでも、自分が死ぬことを知っています。こんな小さいのに死ぬことを知ってかわいそうに思うかも知れないけれども、でも死ぬことも知らずに死んでしまうのはもっとかわいそうなことです。死ぬことを知らなければ、生きることも知らないのです。一体、どれくらいの年齢になったらそういうことがわかるのでしょう。わからないけれども、ある程度まで自分が生きていることの自覚が生まれ始めたときに、みんな死ぬことを知ってしまうのです。どんなにボーっとしていても。私はボーっとしているからそんなことはわからないわといっても、わかるのです。いつ死ぬかということがわからなくても、死ぬということはわかっているのです。年をとってくると死ぬことがわかるかというと、それはわかりません。若いときにわかる人もいるし、年をとってからわかる人もいるし、いろいろです。七十歳くらいになったらもう明日死んでもおかしくないのだけど、そうは思わないでしょう。平均寿命までまだ十年近くあるし、と思って、明日死ぬことはないと思っているのです。八十歳になってもそうです。八十になっても、明日死ぬことはないだろうと思っています。百歳くらいになったら、明日死ぬかも知れないと思うかもしれません。それは百歳になってないからわからないですけど、百歳の人に聞いてみないと……。

大抵、私たちはもういつ死んでもいいんだとみんな言いますが、本当に明日死ぬと思ってるのかなと思います。だけどそのときに、死ぬということが明日でなくてもいい、必ず死ぬことを知ったときに、初めて生きることがわかるのです。それには、死ぬということは何かがわからなければ駄目ですよ。死ぬというのは、命が絶えて、意識がなくなって、どこかにいくのが死ぬことではないのです。自分が死ぬということは一体、何なのか。自分がいなくなることです。いなくなるということは一体、何なのか。それを知ったときに、死ぬことを知って生きようと思うのです。いなくなるというのは一体、何なのか。でも死んだ人をよくよく見てみると、いなくならない。お寺で何回忌とか法要されるとわかるのですが、死んで十年も二十年も経ったら忘れるだろうと思っていますが、そんなことはありません。十年、二十年経てば経つほど、死んだ人は、はっきりしてくるのです、生きていることが。死んだときはいなくなったと思うのに、五年、十年経つと、あの人は、死んだと言っても、決していなくなったわけではないことを知るのです。親鸞聖人は七百五十年前に死んでらっしゃいます。でも親鸞聖人は生きているのです。ある意味で、言葉の中に。

身内の人がいて、身内の人が亡くなっても、十年、五十年経ってもなお、その人たちは生きていきます。それは、死ぬということは生きるということだからです。死んでいなくなると思うのは、死ぬことを知らないということです。死んだら、死んで終わらないのです。死んで終わらないことを知ったときに、死ぬことの意味がわかるのです。だから、きちんと生きないと駄目なんです。自分が生きたことが、どのような形や言葉で残っていくのか。それを知ったときに、初めて、自分がこの言葉を残さないといけないと気づいたときに、念仏が出てくるのです。長いこと生きてきたら、本を書いたり、自伝を書いたりしたくなるようです。習字でもしている人だったら、書でも書いてそれを掛けておきたいと思うようです。でもそんなものは残らないのです。その人が亡くなって残ってくるものが、念仏なのです。それを残すための念仏をもうさなければならないと。それが「念仏をもうさんとおもいたつこころのおこるとき」、というときの問題なのです。それは信楽開発の時剋の極促と言っている親鸞聖人、信の一念はというその時なのです。

声というものは、私たちはこうやって喋っているけれど、喋ったら消えてしまうものでしょう。しかし、そうではない、声によってその声が残っていくのです。その残った声が響きになっている。草花を見たってそうです。昔の人が見たその思いが声になって伝わるのです。単に花が綺麗なのではないのです。例えば桜、吉野の山なんか桜が咲いて綺麗ですけれども、あの桜を植えてきて、それを愛でた人たちの声が聞こえるから美しいのです。単にそこに植えておいて、植えた人の思いもなければ、見た人の思いもなければ、ただ咲いていても、それは咲いた桜でしかありません。でも、それを植えた人、それを見た人の声がそこに残っているから、その声を聞いて私たちは感動するのです。念仏というのは、そうやって命のところに刻まれていくものなのです。そういう声をあげたときに初めて、念仏が念仏になる。だからそういう声をあげようと思ったときに、初めて。それは死ぬ時です。私は生きているぞということを伝えたい。私は生まれてきたぞということを伝えたい。それが声になって叫ぶのです。それがどこまで聞こえるかは別ですよ。その声が命というものの意味を命に与えていくのです。そうでしょう。それは人間だけではないのです。動物だってそうです。植物だってそうです。そこにあるものが叫んでいるから、私たちは命をそこに感じるのです。そしてそれを受け止めるのです。それと同じように、花が叫んだと同じように、私が叫ばなければならないのです。

そういうときの「時」の問題。そういう意味では、このことが「信」ということの一番大事なことだと、親鸞聖人はこのことを「信の一念は」と言って、一念ということで表すのです。信の一念だけではないですよ。信の一念は何かといったら行の一念だと言っていて、信の一念と行の一念ということで、一念を表すのです。それは何かといったら、そういうときは、行の一念というのは、念仏の声が響く時、自分が叫ぶのは、その命を、声を、聞いた時です。特攻隊の人が亡くなるときに、「お母さん」と言ったといわれます。事実はどうか知りませんけれども、ただその声が出たとしたら、それは「お母さん」と叫んだだけではなくて、お母さんが自分を呼びかけた声によって「お母さん」と言うのです。呼ばれた声が聞こえたときに、それが初めて声になるのです。だから、叫ぶということは、単に叫ぶだけではなくて、聞こえるということと一緒に起こるのです。だからそういう意味では、真宗で言う信というのは、聞くこと、「聞」と一緒です。だから親鸞聖人は、信ということを聞というふうに言っているのです。「聞く」――命の声が聞こえないと、声があがらないのです。この聞くということも大事なんですよ。

真宗の課題というのはいろんなことがあります。しかし、念仏の念、それから信心の信、その二つを合わせて「聞」ということに尽きるのです。聞こえるということです。この「聞」ということをどうしてやっていけばいいのかというと、「聞というは、仏願の生起本末を聞いて疑心有ることなし。是を「聞」と曰ふなり」と言うのです。仏願の生起本末と書いてあります。これは難しいことです。仏願というのはこれは願いです。願いというものの生起本末といったら、どうやって命というところに用いてくるのか。願はどうやってそうやってきているのか。本末です。本末というのは、それがどんなふうに広がって、どんなふうな形を取るのかということです。ちょうど木の根っこが枝を広げて、その枝の姿を表すように、願いがもととなって、それが人間にどのような形を描くのかということです。

いろんな人がいろんなふうに生きていますが、そこに、あらゆるものの中に命の願いを聞くことを、「聞」と言っているのです。自分のことだけ考えていたら駄目だということです。自分の命だけ聞いていても、聞こえないのです。最も聞こえやすいのは、愛するものの姿です。でも、愛するものは愛するだけではなくて、憎むのです。憎しみの中にあるのです。愛と憎しみは一緒だから、大好きな人ほど憎たらしいのです。嫌いな人はずっと嫌いかもしれないけれども、憎たらしいのと嫌いなのは違うのです。嫌いなのは、座っていても近くに寄ってイヤな人を嫌いと言うのです。憎いというのは、近くにいることがイヤなのではなくて、その人が自分の思う通りにならないから憎たらしいのです。だから愛憎というのは一緒です。そういう人たちの中に、願いを見なければいけません。親と子ども、あるいは夫婦だったらそういう関係もあるけれど、そのことを通して出会った人すべての人の中に、それを確かめるのです。仏願の生起本末というのは、どんな命の中にもそれがあらわれていること、「聞というは、仏願の生起本末を聞いて疑心有ることなし」と書かれています。疑心とは疑う心ではなくて、疑いの心です。疑いというのは曇りを表すのです。濁っているのです。疑いということによって、その命の姿を自分で見えなくしてしまうのです。それが見えるようになるのです。相手の願いが見えるようになることを、「疑心有ることなし」と言うのです。これを「聞」と言うのです。

真宗の教えを聞いていくということは、今言ったような形で、自分が生きるということにきちんと向かい合って、生きることそのものを確かめながら、自分の人生を生きていくこうということと同時に、あらゆる命の中に、命の願いを聞いていくことなのです。だから真宗は、自分のことだけ言っていても駄目なのです。自分の愛するもののことを考えなければいけない。自分の愛するものといっても、それは愛するものだけではなくて、そこに生きているもの全部ということです。愛するなんていっても縁の問題ですから、縁の問題で自分の出会ったもの全部の中に、願いを聞いている。そういう出会い方をしなおしていく生き方が、「聞」なのです。聞というのは、出会うことを要請しているのです。単に如来の声を聞くということだけではなくて、出会うことによってしか願はないのです。願を聞くこともないのです。それが真宗の、還相回向と言われているものなのです。往相回向とか還相回向とか言っているけれども、その還相回向を成り立たせているものは「聞」なのです。「聞く」ということ、これが真宗の教えの一番大切なことです。信心と念仏と聞名、この三つをもって、浄土に往生するということです。それが、親鸞聖人が言われたことです。『歎異抄』に記されたことは、このようにして私たちが受け止める時に、親鸞聖人の声になるのではなかろうかと思います。

長い話を聞いていただきましたが、このことを忘れないでくださいね。忘れてもいいんですけれども、時々思い出して、一年間、念仏ということを気にしながら生きていただきたいと思います。念仏を気にしながら生きていくことによって、そこに「時」が生まれるのです。気にしない人には「時」は生まれませんからね、気にするということが大事なんですよ。ときどき気にしたらいいのです。ああ、念仏と言っていたなと思いながら。そのとき、ついでに、信心とかそういうことも出てくるかも知れませんが、とにかく念仏を気にしながら、生きていくことです。それが、時を得て念仏もうさんとおもいたつこころとなって、自分自身が、本当に、生きることということろで、三定死のようになったときに、自分を生かす力になってくるのです。親鸞聖人の生き方そのものが、それを示していると思います。

医療と真宗——三毒五悪段が説くいのちと病——

今日は、三毒段・五悪段に即して、「医療と真宗」ということでお話しをするようにと言われております。

三毒段・五悪段は、ある意味では、教学的な問題というよりは、もう少し違ったものとして生まれてきたのかも知れませんが、僕は、この三毒段・五悪段を見ますと、その三毒段から五悪段への展開という中に、真宗が何を宗教としての課題としてきたのかということが、如実に表現されているように思えてならないのです。

全体をずっと見ていくわけにはいきませんから、最初に医療の中で、三毒段・五悪段のどのような言葉に出会うのかということですけれども、これは、ご存知かも知れませんが、無量寿経（『真宗聖典』七六頁、東本願寺出版部、以下『聖典』という）を見ていただきます

と、書き下しの方の二行目に、

あるいはその今世《こんぜ》に先《ま》ず殃病《おうびょう》を被《こうぶ》りて、死を求むるに得ず。生《しょう》を求むるに得ず。

と、このように書いてあります。

この言葉は非常に重いのだろうと思います。「今世に先ず殃病を被りて」と書いてあります。さまざまなひどい病気が多いということを書いてあるだけじゃなくて、「死を求むるに得ず」と。死ぬことを求めても死ねないと、生きようと思ってもそれもできない、生きたいと思っても生きられないし、死にたいと思っても死ねないというふうに書いてあるのですが、これはまさに今日の医療をめぐる課題といったものを、この短い言葉で端的に表しているものだろうと思うのです。医療の問題というのは、単に助かる助からないということではなく、生きるに生きられない、死ぬに死ねないという状況を生み出してしまっているということであります。

病というものを「殃病」というふうに書いてあります。単なる病ではなくて災いとして、病が災いとして受け止められるようになってきたということでしょう。災いとして病を受け止めたときに、人間は死ぬことも生きることもできなくなった。そういう存在に変わってしまうのだというふうに言っているのだろうと思うのです。これは現代の医療の状況そのものであります。私たちは医療が発達したと言っておりますけれども、その中にあって死ぬことが受け止められない。そして、生きることも一体何なのか見えなくなってしまって、その医療の中で死も生も奪われ尽くした状態というのが、現代の医療の状況ではなかろうかと思うのです。

そういうことが、この一言の中にこめられているわけですけれども、これが五悪段の中に説かれているということは、まさにその医療の状況というのは、私たちは、単に医療の問題ということよりも、五悪段として説かれているような、その時代の問題として考えなければならないということを示しているのではなかろうかと思うのです。

五悪段は時代の問題だと言いますと、そういうことはどこに書いてあるのかということになります。けれども、三毒段と五悪段、これは皆さまよくご存知のところでありますけれども、三毒段で説かれているものと五悪段で説かれているものが同じだというふうに読んでしまいますと、五悪段も決して時代の問題でも、社会の問題でもないということになってしまいます。三毒段に説かれているのは、個人の在り方、人間の欲、あるいは人間の業的なもの、業としてあるような存在、それも業と言いましても、いわゆる宿業論で言われているような、自分自身の存在というものをもとにして考えていくようなものです。

人間という、こういう私に生まれてしまった、そういうことを罪と考えていくということであリましょう。

ところが、その宿業論で押さえられないようなものが、実は三毒段から五悪段への展開ということの中心であります。人間の持っている貪・瞋・痴、根本煩悩といわれている貪欲、怒り、そして無明といったこの三つが、いかに人間を迷わせ、人間の本来あるべきものから目を逸らさせてしまい、その結果として人間が救われるということがなくなってしまうのか、ということを明らかにしたのが三毒段であります。ところがその三毒段を受けて結論としてあるのは、そういう状況にあっても、決して救われないわけではないのだと言うのです。三毒段の結論というのは、同経（『聖典』六二頁）に、

仏《ぶつ》、弥勒菩薩《みろくぼさつ》・諸天人等に告《つ》げたまわく、「我《われ》今、汝《なんじ》に世間の事《じ》を語る。人これをもってのゆえに、坐《つみ》して道を得ず。（下略）」

というふうに言いますが、その後、同経（『聖典』六三頁）に、

仏の在世《ざいせ》に曼《もうあ》い当《まさ》に勤《つと》めて精進《しょうじん》すべし。それ心を至して安楽国《あんらくこく》に生まれんと願ずるこ

とある者は智慧明達《ちえみょうだつ》し功徳殊勝《くどくしゅしょう》なることを得べし。

というふうに言っています。

たとえ三毒段——自分自身のその貪・瞋・痴という煩悩に焼かれるように、煩悩というものによって、自分自身の生き方を見失って迷っていても、「仏の在世に曼い当に勤めて精進すべし」と書いてあります。「曼仏在世」と書き、ここに曼の字を置いています。これは、「もうあう」と読んでおりますが、今まで私たちは仏にあうという字は、「たまたま」と読む「遇」の字であるとか、値段の「値」の字であるとか、そういったものを「あう」と読んでいるわけですけれども、ここでは珍しく、この「曼」の字を使っております。この「曼」の字というのは、「引き延ばす」というような意味合いです。「冗漫」の曼です。だらだらと長いことを曼と言いますが、引き延ばして在世に仏に出会うということです。

これは、どういうことでしょう。仏に会えるか会えないかではなくて、仏に会うまで生き延びるということでありましょうか。仏の在世に曼うということは、単に今出会うということではなくて、いつかやがて出会うときまで人生を延ばせるということかも知れません。生きている間に出会えないということもありますけれども、生きている間に出会えなくても、いつかやがて出会うというような、そういう自分自身の人生をたまわることを、仏の在世に曼うというふうに言っているのだろうと思うのです。

たまたま生き延びてきて仏に出会ったということもありましょうし、仏がこれからなくなったとしても、それこそ五十六億七千万年の後に弥勒が仏となったときには、その仏に出会うということも、仏の在世に曼うということでございます。五十六億七千万年も経っていたら出会えないと思ってしまいますが、それは人間の考えでありまして、五十六億七千万年だろうがどうだろうが、弥勒が生まれてくる時代がくるのであれば、それまで必ず命を永らえようというのが、仏の在世に曼うということです。五十六億七千万年も生きられるかどうかということよりも、人生が、それだけの長さをもったということであります。

皆さまの人生は百年ぐらいかも知れませんが、ひとたび仏という存在に出会うということをはっきりと持ったならば、出会うまで、どこまでも命を続けることができます。死んでも死なないということです。不死身ではないのですが、死んでも死なない。命は仏に出会うまでは永遠に、決してその歩みを止めない、そういうことが、この仏の在世に曼うという、その覚悟であります。単に会うということを言っているのではない。釈尊に会った人もいますでしょうけど、釈尊にただ今そこで会ったということよりは、釈尊に会うまで長い長い生死というものを繰り返しながらも、釈尊に会うことを待ち望んできたということがなければ、仏の在世に曼うということにはなりません。

ですから三毒段というのは、決して希望がないわけではない。三毒段というのは、自らの煩悩、貪・瞋・痴というような煩悩というものを深く知った者は、その煩悩を自覚することによって、やがて仏というものを待ち望むことができるような、そういう精神性を獲得できるのだと言えると思います。これが三毒段の救いなのです。人間の中の煩悩に気づいた者こそ、その煩悩をもって仏を、どこまでも仏という存在を待ち続けることができる。仏に出会うことを待ち続けることができる存在に変わったということです。それが、ある意味で救いを表す概念です。この仏の在世に曼い、まさにつとめて精進すべしと。そのことをもったときに、精進するというふうに生き方が変わるのだと言っているのです。まさにつとめて精進すべしと言い、そのことを受けて、「それ心を至して安楽国に生まれんと願ずることある者は智慧明達し功徳殊勝なることを得べし」と、このように続けられていくのです。

これはご承知のことと思いますが、真仏弟子釈の後に、それの成就文のようにして置かれたところにある言葉であります。至心願生安楽国という言葉はここに出てきます。仏の在世に曼うという、この仏を待ち望むということが起こったときに、初めて人間に与えられていく一つの願生心を表すのが、至心願生安楽国です。願生彼国というのとは違うのです。

願生彼国、彼の国に生まれんと願うというのは、未来と申しましても、彼の国です。彼の国というのは浄土を表します。浄土というのは現在に対しての未来からの用きであると、曽我量深さんは言われましたけれども、未来と申しましても決して到来の未来ではない、現在というところに過去から用き続ける未来ということが、彼の国に生ずるという、彼のという意味です。

過去があって、現在があって、未来がある。こういうふうに時間が流れていると私たちは思っていますけれども、そして未来というのは、向こうから来るのが未来と思っているのです。ところが、未来というのは、ある意味で、必ず流れ続けているものです。もうひとつ言えば、過去が未来となって現在に、未来が未来となって現在に、というかたちで表現されるようなものが、未来という時間だろうと、こういうふうに押さえてもいいのかも知れません。

こういうものが、彼の国です。彼の国というのは、三界道に勝過するというのは、ある意味で人間の時間ではないところにあるものという、そういう時間を表すわけですから、彼の国というのは、過去から用きかける未来でもあるでしょうし、未来から用きかける未来でもあります。あるいは、現在から用きかける現在への時間。そういったことも含めてその未来という時間を押さえなければならないのでしょう。これがある意味で、彼の国に生まれんと願ずる、願生彼国というふうに言われているものであります。

ところがここは、明らかに、至心願生安楽国と、彼の国ではなくて、安楽国に願生すれば、というふうに申しています。これは、仏に曼うことを待ち望むという、曼の字によって表されるような、その時間の中にしかないものであります。永遠の未来ということ。こちらに現在用き続けるのではなくて、現在から生み出されていく未来、そういったものを表すのが、ここにある願生安楽国という言葉です。それは、人間が未来からの用きによって目覚めたということと同時に、現在の中に未来を見つけることによって、生き続けることができるという、そういうことを表しています。三毒段というのは希望を与える説なのです。私たちが生きていけるのは、ただ単に今生きているからということではない、明日があるから生きていけるのです。

医療の中で今いちばん問題になっているのは癌のことでしょう。他にもいろいろ救急の問題とかありますけれども、そういうことは、具体的にはあまり問題にされません。制度の問題としてはあるけれども、医療の具体的な問題は癌という問題なのでしょう。

癌の告知ということは、もう随分昔に終わったようなものとして、誰でもが癌だ癌だと言っておりますけれども、言われるほうは、どんなに癌が大きくなくても、癌だと言われた途端に、やはり生きる力が奪われてしまうということがあります。癌だと言って喜んで生きようかという人は滅多にいないわけで、癌だと言われたら、ご飯も喉に通らない、何を見ても面白くない、もう私の人生終わりだと思ってしまうのです。これはもう仕方がないことです。だけどそのときに何が終わるのかといったら、何も終わっていないのです。癌だと言われたからといって、毎日生きているし、ご飯も食べているし、とくに変わったことはないのです。癌だと言われる前、まあ心配していますから、体も痛かったりとか、何か体の不調はあるでしょうけれども、癌だと言われたからといって何もその不調が変わるわけじゃありません。けれども、言われた途端、何か別のものになってしまうのです。

別のものになったものは何かといったら、時間が変わったということでしょう。癌だと言われた途端に、もう明日の時間というものを失ってしまったのです。それまでは何となく明日を生きていた。百歳になってもです。百歳になったからといって、もう寿命がきたから明日は死ぬと思って生きているおじいさん、おばあさんはそんなにおられないでしょう。まあ八十、九十になっていくと、だんだん、来年は生きていられるかどうかわからないなあということを、少しずつは思うようになるかも知れませんが、明日死ぬとは思っていないはずです。まあ明日は死ぬと思って生きておられる方もいらっしゃるかも知れませんが、そういう方は稀でしょう。少なくとも明日はまた目が覚めるだろうと思って、夜、床に就くわけですね。明日、目があかないだろうなんて思ってはいないわけです。

ところが、癌になったと言われたら、明日、目が覚める覚めないではなくて、それとは別に、もっと違う明日がなくなってしまうのです。今までいろんなことを考えていたことが、十年経っても、二十年経っても何もできるわけではございませんけれど、あと一年の命といったら、一年間でもう何もかもがなくなってしまうと。それは別に一年のために何かがあるわけでもない、一年という時間を言われたときに、その限られてしまったことによって奪われる時間があるからです。

それが明日という時間です。明日がなくなったんですよ、癌だと言われたら。だから、明日を取り戻すために必死になるのです。でも取り戻せない。言われれば言われるほど、そうかなあと思って、しようがないから明日じゃなしに今を生きようとかいって誤魔化そうとするのですが、なかなかそうはいきません。癌だと言われたことを生き延びていくのは、大変なことなのです。

そのときに、その明日を生きる方法をどうやって与えるのかというのが、実際は今のホスピスというようなところで模索されていることなのかも知れませんが、残念ながら、なかなかうまくいっていないと僕は思います。聞く限りにおいては。とくに日本のホスピスでは無理です。

なぜかといえば、キリスト教の牧師さんなどと違って、お坊さんでもビハーラ（仏教版のホスピス）に関わっている方はいらっしゃいますが、少なくとも牧師さん、神父さんは、天国があると思っておいでです。ところが、坊さんは極楽があると思っていません。極楽があると思っていない人にいくら言われても、明日なんかあるわけはないのです。死んで行く天国があるのなら、その死んで行く天国というものを明日の意味として、もう一度捉え直すことができて、そこにもう一度生きていく力が湧いてくるかも知れませんが、極楽がなければ、まあ地獄でもいいのですが、地獄があると思っていればいいのですが、地獄も極楽もあると思っていないお坊さんに言われたって、力も何も湧いてきやしないのです。せめて極楽はないと言っても、地獄ぐらいはあると言ってもらわないと。私は極楽には行けないけど地獄には行きますと信じているお坊さんならまだしも、地獄にも極楽にも行かないお坊さんに言われても、未来は生まれてこないのです。地獄でもいいのです、あれば。しかし、ないのです、何も。

それは癌ということによって失われた明日を取り返す方法として、これまで私たちがずっと伝え聞いてきていた、死ぬということを通して表されていく、もうひとつの明日という概念によって表されるような世界そのものが、もうわからなくなったということでありましょう。

それがわかるというのは、三毒段で言う貪・瞋・痴、自分自身の中にある煩悩というものを深くたずねていったら、煩悩が生まれてきたものは何かといったら、煩悩は決して私が煩悩を持ったのじゃない、煩悩というかたちで命がここに生まれたのだと。命を生み出したものは、煩悩そのものに他ならないということがありますでしょう。

これは仏教の十二支縁起です。十二支縁起とは、無明、行、識、名色、六処、触、受、愛、取、有、生、老死です。こういう十二支縁起を説いてあります。そのいちばん最初にあるのが無明であります。無明から生まれてきたという、私たちを生み出したものは無明なんだということですけれども、これは何かというのはよくわかりません。無明が生み出しているといったらわかりませんけれども、私という存在は私というこの身でありますが、この身は同時に、身というものが抱えている我執であります。私が、という身によって我執が生まれていく。身が生むんじゃないですよ、身を持つことによって、身によって我執が生まれてくる。その身によって生きているのが私であります。身が私でもない、私が私でもない、身によって生きている存在が私です。

その身によって生きているものが生み出されたのは何かといったら、身を介して、その身によって、私がということを生み出してくるものこそが私なんだという、それを無明と言っているのです。何かといったら、私というものも、私の身ということも知らないで、身によって与えられた私が、何よりも私だと。

これはもっと言えば、そういうものを疑って、デカルトはコギト・エルゴ・スムというふうに言ったのでしょう。「我思う故に我あり」というふうに言っていますが、その思うということが私だというふうに言われたときには、ああそうかと思う。今まで考えていたけれども、この身ではない、思うことだと。でも思うことが私というのも、これもある意味での真実ではあっても、自分自身の生存そのものをまるごと押さえた言葉ではありません。思わなくても私は私。寝ていても私は私ということがございます。その生きているということと考えているということの、その間が私。生きて考えている、あるいは逆に、考えて生きている部分もあるのです。そのことを無明というふうに言っています。そのことを知らないことを、その知らないことによって作り上げていったものこそが、私というものの始まりなのだということを考えていくと、私に先立って私を私としているものがあるのだということです。

貪・瞋・痴というような根本煩悩と呼ばれているものは、単に同じレベルではございません。怒りというのは、より激しいかかわりにもっともっと意識の表に出てくるものでしょうし、無明というようなものはあまり表には表れないかかわりに深く心の内にあるものでしょうから、それは一つとは言えません。でも、貪・瞋・痴というような根本煩悩というものをたずねていくと、人間というものの根源に流れている無明ということがあります。人間を動かしている無明というものを押さえていくことによって、その無明が私自身を作ってきたものだと。そして、その無明というものの持っている時間は何かといったら、生まれてきて死ぬまでではなくて、生まれる前に遡って用き続けているもの、そして、死を越えて用き続けるもの、これが無明ということに他ならないと、こう気づくのでありま す。

こう気づくと、そこに、その私という存在を通して流れている時間が、遥かなる過去から、そして死を通して永遠の未来に向かって流れ続けている、大いなる時間であることに気づくのです。

そこに初めて、時間が明日ということを持つのです。煩悩を持たない人には明日はないのです。煩悩を持たないということは、今を生きるということです。煩悩を持つ者だけが明日を生きる。でもその煩悩というのが、本当の意味での煩悩に触れない限り、無明にまで触れない限り、その時間は途中で挫折してしまいます。意識の用きの中に煩悩が押し込められてしまうと、死んだら終わりと、明日死ぬと言われたらそれで終わってしまうような、そういうものになるのです。身と私というものがバラバラにされてしまうと、身というものが滅びれば私は終わるし、私が滅びれば身は残ってもそれで私は終わりと。身か私か、どちらかが終われば終わりだというような意識になってしまうのです。

ところが身ということがある限り、あるいは身ということによって得られた、与えられた私の存在は、一度与えられた限りは決して消えることなく用き続ける、そういったものとなるのだというのが、煩悩というものの与える時間であります。その永遠の時間の中に、煩悩ということと同時に、その煩悩を越えて私が私に回復していく、私が私の本来のものに回復していく、そういう同じ人間としてそういう在り方を示しうるものに必ず出会える。人間である限り、自分が人間である限り、人間としてそういう在り方を成就した人に必ず出会うことができるのだと。

それが仏を待ち望むという「曼《あ》う」です。仏を待ち望むのです、私たちは。神を待ち望むだけではない、降臨するのを待ち望んでいるのではないのです。五十六億七千万年というのは、ある意味でキリスト教的な概念と一緒になってきているのでしょう。天の世界から降りてくる、いつか仏が天から降りてくるという、弥勒下生経によって、弥勒はやがて、兜率天から降りてくるのだというような意識で待っているわけです。そうではないのでしょう。そうではなくて、ずっとその私の迷いの道の遥か彼方に、その迷いの道のところで出会う仏がいるのだと。降りてくるのではない、迷いというものに立って迷い続ける限り、その迷いの中にあって人を救わんとするその願というものに出会う時がくる。それを、仏に曼うと言っているのです。

それは何故そう言えるのかといったら、釈尊が現れたからだというのが一つの証拠です。釈尊に出会えたというのは何かといったら、釈尊に出会うまでの道のりというものと、迷い続けてきた衆生とが出会ったのだと。そう言い切れるというのが、仏教の教えでありましょう。そこに「曼う」と仏を待ち望むということが起こってきて、その気持ちが、至心に安楽国に生まれんと願ずれば（「至心願生安楽国」）、という言葉になった、こう言えるはずであります。至心願生安楽国というのは、そういうことを言っているのです。安楽国というのは、人間の安楽ということを求め続けていく未来への願いを表しているのです。極楽ではないのです。

極楽というのもあるのです。極楽というのは、安楽よりはもっと手前かなあ。極楽国というのは、阿弥陀経を見ておりますと、何かもう少し違う感じがしますけれど、まあいろんな浄土を極楽国とか安楽国とか安養土とか、安養界であるとか、さまざまに呼びますけれども、そのときに安楽国という表現は、安楽という、すべてのものが安んじられ、そしてすべてのものが楽というかたちで生きられる世界というのは、これは人間の求める未来である。安というのは、極楽と違うのは何かといったら、極楽というのは、いわば自分の感情の極まり、楽というものを求めていって楽が徹底したところにあるものが極楽です。安楽というのは、安が求められていってそこに生まれてくるのが楽です。安というのは安んずる。人との関係が本当の意味で安んぜられる。誰もが救われて平等な関係が開かれるところが安楽なのです。極楽というのは自由の極み、安楽というのは平等の極みを表す言葉です。

こんなものを区別して考える必要はないのかも知れないけれども、ある意味で人間が到達していく道。自由というのは、ある意味では自分の精神の中における働きというものを徹底していけば、自由というものは得られるのです。ものの考えようということもありますが、もともと人間なんて不自由なものなのです。先ほど、死ぬに死ねない、生きるに生きられないと言いましたが、これこそ不自由の極まりです。生まれようと思っても生まれることはできないし、死のうと思っても死ぬことはできない。不自由この上ありません。ところが、そこに精神というものに立って人間を見直したときには、死ぬ時が来たら死ねる、生きる時には生きられる、これは自由です。同じ生死を生きていても、自由に死ぬこと、生きることができる者と、死ぬこと生きることに囚われて生き、死ななければならない者との違いというのは、そこにございます。自由というのはそういう意味で、極楽というのはその自由の極みであると、そういうことを言わんとしているのです。

ところが、安楽の安というのは、決して自分の問題を言っているわけじゃないのです。安というのは安んずるということで、これは衆生を安んずることなのです。人が本当に落ち着いて苦しみのない生活をすることができるというのが、安んずるということです。本願寺派は、「世の中安穏なれ」の「安穏」を御遠忌のテーマに掲げておられますが、あの「安穏」というのもそうです。自分が安穏としたらどうにもならないのです。そんなつもりで御遠忌のテーマは出されていないと思いますが、むしろテーマとして考えなければならないのは、人が安らかで暮らせるとは一体何なのか、人が穏やかであることは何なのかということが安穏なのです。あれも危ないテーマです。大谷派のも危ないテーマですよ。決して大谷派のスローガンがいいと言っているわけではございません。本願寺派のも、大谷派も聞き間違えると大変な目に遭うようなテーマでありますが、そこはしっかりと考えていかないといけません。でも安楽国の安は、そういうこととして人を安んずるという用きです。それが徹底したところに表れるのが安楽国です。

ですから、「至心に安楽国に生まれんと願ずる」という言葉は何かといったら、これは人と人との関係が本当の意味で平等なるものとして開かれるもの、そういうものを願ずるのです。仏に曼うというのはそういうことでしょう。仏にあうなんて言ったって、そんなこと、何が嬉しいことがございましょうや。仏にあうよりは喧嘩友達に会ったほうが、いくらか楽しいか知れません。ところが仏にあうことによって、自分自身が本当の意味で人間に帰るのです。人間になることによって、仏を介して人間に出会うことができる。仏にあうことが喜びなのです。仏の前では、ただの人となれるのです。凡夫に帰ることができるから、凡夫は凡夫として出会えるということが、「至心願生安楽国」という言葉になるのだろうと思うのです。

親鸞聖人がこの言葉を、成就文とは書いておられませんが、真仏弟子釈の後の成就文というような位置に置かれたことの意味は、そういうことではなかろうかと思います。ご存知の方もいらっしゃいましょうが、確かめておきますと、『教行信証』の「信の巻」（『聖典』二四五頁）に、

「真仏弟子《しんぶつでし》」と言うは、「真」の言《ごん》は偽《ぎ》に対し、仮《け》に対するなり。「弟子」とは釈迦《しゃか》・諸仏の弟子なり、金剛心《こんごうしん》の行人《ぎょうにん》なり。この信・行に由《よ》って、必ず大涅槃《だいねはん》を超証《ちょうしょう》すべきがゆえに、「真仏弟子」と曰《い》う。

と書いてあります。このことを受けて、『大本《だいほん》』に言《のたま》わく……と「心身柔軟《にゅうなん》」を説く三十三願をあげられて、その次に三十四願をあげられて、『無量寿如来会』を引かれた後に、

（大経）また、法を聞きてよく忘《わす》れず、見て敬い得て大《おお》きに慶《よろこ》ばば、すなわち我《わ》が善き親友《しんぬ》なり、と言《のたま》えりと。

まずここに「我が善き親友なり」と言っているでしょう。さらに、

また言《のたま》わく、それ至心ありて安楽国に生まれんと願ずれば、智慧《ちえ》明らかに達し、功徳《くどく》殊勝《しゅしょう》を得《う》べし、と。

と書いてあります。

なぜ先に、我が親友なりと書いてあって、その後に至心願生安楽国の言葉が書かれているのか。至心願生安楽国ということの意味が、我が善き親友なりということを表現しているからです。友に出会うことです。仏に出会うことは友に出会うことはそこに安楽なる関係が開かれること。絶対平等の世界が開かれるということです。それが仏にあうということです。煩悩というものを徹底して見たときに、そこに仏を待ち望むことができて、仏を待ち望むことのその心を持った者の中に、永遠なる平等、絶対無限なる平等が開かれてくるのだというのが、三毒段の結論です。

三毒段というのはそういうことを言おうとしています。そうすると三毒段によって何を表していくのかといえば、この後に、三毒段が終わって、無量寿経（『聖典』六四頁）に、

仏《ぶつ》、弥勒菩薩《みろくぼさつ》に告《つ》げたまわく、「汝《なんじ》が言えること是《ぜ》なり。もし仏を慈敬《じきょう》することあらば実に大善なりとす。（下略）」

というふうに言って、ここに、弥勒がそのことを受けて言ったことを褒め称えるのです。そのことを言った後に、同経（『聖典』六四頁終わり）に、

仏と相値《あい》うて、経法《きょうぼう》を聴受《ちょうじゅ》し、またまた無量寿仏《むりょうじゅぶつ》を聞くことを得たり。

と、その仏にあうことは何かといったら、無量寿仏にあうことなのだというふうに確かめていくのです。続いて（『聖典』六五頁）、

快《よ》きかな、甚《はなは》だ善し。吾《われ》、爾《なんじ》を助けて喜《よろこ》ぶ。汝《なんじ》今また自《みずか》ら生死老病《しょうじろうびょう》の痛苦《つうく》を厭《いと》うべし。悪露不浄《おろふじょう》にして楽しむべき者なし。宜《よろ》しく自《みずか》ら決断して、身を端《ただ》しくし行を正し

くし、益《ますま》すもろもろの善を作りて、己《おのれ》を修し体《たい》を潔《いさぎよ》くし心垢《しんく》を洗除《せんじょ》し、言行《ごんぎょう》忠信あって表裏相応し、人能《よ》く自《みずか》ら度《ど》して転《うた》た相拯済《あいじょうさい》して、精明求願《しょうみょうぐがん》して善本《ぜんぽん》を積累《しゃくるい》すべし。

こういうことを聞いたのだから、これから生き方というのは変わってくるだろうと、それは善本を積累するという生き方に変わるのだと。善を行えと言っているのではありません。善本を積累するという、積み重ねていけと言っているのです。

善本という言葉は、親鸞聖人は善本、徳本ということを「化身土の巻」にあげられていますから、十分考えていかなければならない言葉です。善本というのはここに出てくる言葉であります。四十八願の中には出てこないのです。

善本ということは、ここから永遠なる未来、仏を待ち望むという精神性を獲得した者の中に善本ということの意味が出てくるのです。未来のないものは善なんか行えないのです。善というのはあくまでも、善の結果、何かいいことをしたその結果があるというので善本なのです。何もないのに善いことなんかしないのです。善い悪いなんていうのは、今、善いか悪いかじゃない。必ず善は、何かの結果ということを信じて善をしているのです。ただただ善いことをしているんじゃない。善いことをしたらその結果、自分がそのことによって何か変わっていくだろうと思っている。そういうことが善本です。未来を信じた者だけが善を行える。あの世があると思っているから、「極楽に行かなあかんなあ」と思っていいことをしようと思うわけでしょう。地獄を恐れない人は何でもします。

そういう意味では、日本にはもう地獄も極楽もなくなったということでしょう。何をやってもせいぜいが、この世の中での刑罰としてあるものを受けるぐらいしかない。今、世の中にある刑罰で死刑が重ければ、人を殺したら死刑にしてくれと言って、「死刑になったら本望や」と言って罪を犯すことさえあるのです。未来がなくなったからです。もっと言えば、人を殺めることも、自分の命を絶つことも、未来がなくなったからかも知れません。

私は、子どもたちもそうですけれども、医療の現場の中で、死にたいという人たちにもよく会うわけです。けれども、その人たちはなぜ死にたいのか。一つには生きたいから死にたい。生きたくない人は死にたくないわけだから、生きるも死ぬもない、ただぼうっと生きていればいいわけですから、生きたい思いのない人に、死にたいということはないのです。

ただし、それだけで説明はできません。未来がなくなったから死にたいのです。

それでは、生きている人に未来があるかといったら、何となくあるのです。何となくあったはずの未来が消されてしまった人が死にたくなるのです。

だから、医者をしていて何がいちばん辛いかといったら、「死にたい」と言っている人に、「生きて」なんてことは言えないということです。

でも今は、僕は言えます。「ちゃんと生きてちゃんと死んでちゃんと極楽に行きましょう」、「あとは地獄かも知れませんね」とは言っておきます。「誰もかれもが極楽に行ったら、やかましくてかなわないから、皆さんは地獄に行ってください」とは言いますが。

ただし、そういうことが言えないとき、そういうことが言えないで、死にたい人に「生きて」ということは、なかなか伝えられないのです。一生、一緒にいられるのだったらともかく、「一生、一緒にいるから、ずうっと一緒にいましょう」なんて、そんなこと医者と患者さんの間で言えるわけもありません。そんな気持ちもありません。この人と一生付き合っていこうなんていう思いで、そんなことを毎日毎日やってるわけにもいかないし、そんなつもりにもなれないのです。人には好き嫌いがありますしね。一生お付き合いできるのかできないのかというのは、たとえそのときはそういうつもりでも気持ちは変わるものでありますから、そういう無責任なことは言えないわけです。

それでもそこに死にたいという人が来たときに、生き延びてほしいということであれば、その人に未来があると言わなければなりません。生きたことが善本となって、その結果が必ず、その未来というものに反映するということを言い切れなければならないのです。生きたことが無駄ではない、生きたことの意味として必ずそれが違うかたちをとるのだということを伝えられなかったら、「生きて」なんてことは言えないのです。長く生きればいいのかといえば、そうではない。善本を積累する。いくら積み重ねても、これでよしということではない。そういうものを善本積累しなければならないというふうに言っているのです。

善本を積累しなさいと言って、そのことを言った後に、

汝等《なんだち》、宜《よろ》しくおのおの精進《しょうじん》して心《しん》の所願を求むべし。疑惑《ぎわく》し中悔《ちゅうけ》して自《みずか》ら過咎《かく》を為《な》して、かの辺地《へんじ》七宝《しっぽう》の宮殿《くでん》に生じて、五百歳《さい》の中《うち》にもろもろの厄《やく》を受けるを得ることなかれ。

と書いてあって（『聖典』六五頁）、宮殿に行って五百歳の間閉じ込められるというのは、ある意味で未来が中途半端で終わっているということでしょう。仏に出会うことを、途中で挫折して止めてしまうような持ち方をしてはならないと言っているのです。それがここに出てきて、その後に五悪段が出てくるのです。五悪段というのがなぜここに出てくるのか

ということ、人間の未来を奪うものは何かといったときに、決して人間の中にある煩悩という問題ではなくて、もっと違うものだということです。仏にあうという、仏を待ち望みながらと言って待ち望んでいる、この待ち望み、待ちながらということを、人間に許さないような時代・社会というものがあるということを明らかにするために、五悪段が説かれるのです。

五悪段というのは、そういう意味では、三毒段を説いて人間に希望というものを与えながら、その希望というものは仏にあうことである、仏を待つことであると言っています。ところが、その仏にあうことをさえ希望として持ち続けることができないのは、時代と社会という問題がここに表れてくるからだと言っているのです。

一人だけなら、希望を持てるのです。ところが、社会の中にあって果たして本当に平等な社会が生まれてくるのかというと、仏というものの存在が、どうやっても見えなくなってしまうような時代と社会というものが人間を覆い尽くしてしまう。これが五悪段ということであります。

だから三毒段は、どこまでいっても個人というものの中にある煩悩を明らかにするのに対して、五悪段は、時代と社会の問題を明らかにするために書かれたものなのです。

その社会の中にある五悪段、それは五つに押さえるのですが、これは社会の中の倫理のことを言っているのではないのです。全部仏がいなくなったがために、仏というものが感じられなくなったがために、自暴自棄になった人間の姿を表しているのです。未来を失ったものがこのような姿をとるのです。五悪段のいちばん最後の五つを言った後に、結論として、同経（『聖典』七五頁）に次のように言われています。

仏《ぶつ》、弥勒《みろく》に告《つ》げたまわく、「吾《われ》、汝等《なんだち》に語る。この世の五悪、勤苦《ごんく》かくのごとし。五痛《つう》、五焼《しょう》、展転《てんでん》して相生《あいしょう》ず。但《ただ》し衆悪《しゅあく》を作《な》して善本《ぜんぽん》を修せず。みなことごとく自然《じねん》にもろもろの悪趣《あくしゅ》に入《い》る。あるいはその今世《こんぜ》に先《ま》ず殃病《おうびょう》を被《こうぶ》りて、死を求むるに得ず。生《しょう》を求むるに得ず。（下略）」

五悪段の結論として、あらゆる病が災いとなって人間を襲い、その襲われた人間は生きることも死ぬこともできなくなるのだと。災い・病というのは、命を奪うものだと思っているけれど、命を奪うということは何かといったら、生きることを奪うことと同時に、死ぬことを奪うことだと言っています。これが五悪段の結論です。

今の時代は、インフルエンザといったら大騒ぎし、癌といったら大騒ぎし、何でもかんでも大騒ぎしています。長い間、医者をしていていちばん思うのは、病院なんかなくてもみんな生き延びてきた。医療なんかなくても人間は生き延びてきた、縄文時代からずうっと。もっと前からかも知れませんけど。そこに医療がどれだけのことをしたのかということよりも、人間というのはそういったものとは関係なく生き延びてきたことを忘れさせてしまって、まるで病院が働かなければみんな死んでしまうみたいに思っているということです。

人間を殺そうと思ったら簡単です。食料を奪えばいいのです。食べ物をなくしたらみんな死んでしまいます。だけど医療がなくなったって人は死にません。その単純なことを忘れてしまったときに、生き死にができなくなるのです。そのときに病が「殃病」になったと言っているのです。災いの病になったと言っているのです。単なる病ではなくなってしまうのです。

癌だってそうでしょう、単なる病のはずです。ところが私たちは癌だといったら、それは「殃病」ですよ、災いだと思っています。これは五悪段の結論として言われます。それを災いにしたのは何かといったら、時代と社会だと言っているのです。そしてそれはもっと言えば、仏というものを見失ってしまう、仏というものが見失われてしまった時代ということに他ならないのだと言っているのです。

それでは、どうしたらいいのか。仏を見直すといってもそれはできません。個人で仏なんか見られるわけもないからです。まして「曼仏在世」というかたちで言っている、仏を永遠の未来に待ち望むような時間を持つことを、人間が努力してもできるはずがないということです。

それではその時間をどうするかといったら、それは待ち続ける力が必要だということです。待つというのは、希望で待つのではありません。希望ではなくて、もっと別のもので待ち続けることができるのではないかと釈尊は説くのです。もっと違うもので待ち続けることができる。

希望のために待つのは、子どもに言うのならそれですみます。明日になったらこれあげるからね、明日になったらね、明日になったらね。そう言っておけば子どもはずっと明日を待ち続けるでしょうが、大人は明日と思ったら今日は明日になったじゃないかと思っています。それでは絶対待つことはできないのです。希望で言うのは、よほど人間が、子どものような素直な美しい心を持っていないとできないのです。どんな問題にしても、煩悩というものに自分が本当に向かい合うだけの美しい心がなければ、待つことはできないのです。

煩悩というのは清らかなものです。濁っている、濁っているというけれども、煩悩が濁っているのではありません。煩悩に濁らされているだけなのです。煩悩を見つめていくことができるのは清らかな心だけです。自分が悪い人間だと思えるのは子どもだけです。大人になったら自分は善い人間だと思っています。だから子どもはつらいのです。子どもがいちばん最初に挫折していくのは、自分の中にある悪に気づいたときでしょう。私たちも小さい頃はそういうことがあったかも知れませんが、だんだんそんなものは相対的な、悪いところもあれば良いところもあるわと言って、自分をごまかして大人になってきたのです。でも自分の悪に向かい合うだけの清らかさは、子どもの心にしかありません。そういう清らかさを失ったことが、仏を見失ったということでありますし、それは単に大人だからということではなしに、もっと時代の問題、社会の問題だというふうに釈尊は説いたのです。それが、釈尊が説いたといわれる大乗仏教の思想の深さでもあります。深さと広さです。

そうやって、その仏を待ち続けるだけの清らかさを持たないもの、未来を見ることができなくなったものは、待つことを、力として持たなければならない。待つ力を持たなければならないと言っているのが、この五悪段であろうと思うのです。

これは、そんなふうに読んでいいのかどうかは別ですけれども、三毒段のところですが、面白い言葉が次々と出てくるのです。

未来を待ち続けるだけの清浄なる精神というものがなくなった。仏を待つだけの清浄なる精神がなくなった者に何が必要なのかということを説くのが五悪段だと申しました。そのことを、こういう言葉で表しております。たとえばまず三毒段の終わりのところ（『聖典』六二頁）には、

恩好《おんこう》を思想して情欲を離れず。昏矇閉塞《こんもうへいそく》して愚惑《ぐわく》に覆《おお》われたり。深く思い熟《つらつ》ら計《はか》らい、心自《しんみずか》ら端正《たんじょう》にして専精《せんしょう》に道を行じて世事《せじ》を決断《けつだん》すること能《あた》わず。

と書いてあります。

三毒段で仏にあえないということを言うときに、それはなぜかと申しますと、ここのところに「心自ら端正にして」と、「心自端正」ということが言われています。「端」は「はし」という字ですが、これは整っているという意味です。心がおのずから整い正しい姿を表すということです。体で言えば、指先まで意識が、精神が行き渡っているような状態です。私自身がそうかどうかわかりませんが、立っていても、足の指先から頭まで精神がそこに行き渡っているような、そういう美しさを「端」と申します。それと同じように、心の端から端までが正しく意識されている状態が「心自端正」ということです。私たちが普通の状態でありますと、意識というのは適当なところで、自分自身の意識全体さえも見

張ってはいません。そこで心自端正ではないから、三毒段のようなかたちで人間が迷っているのだと思います。心がちゃんと煩悩ということでさえ見落とさない、あるいは、正しさなのですが、正しいと言っても善悪の正しさではなくて、姿勢としての正しさ、そういったものを獲得したときにはなり得るだろうけど、それができていないがために、それを正すものとして仏があるのだと言うのです。仏に曼うと。仏にあえたら心自端正でなくてもいいのですが、でもむしろ心自端正ということがあれば大丈夫。逆に言うと、仏がなくても心が自ら端正ということさえ獲得できれば、五悪の世にあっても、仏というものを待ち望むことが、そういう清浄な心がなくても可能であるということです。

心自端正ということをどうやって獲得するかというのが、五悪段のテーマなのです。「仏と相値うて経法を聴受し、またまた無量寿仏を聞くことを得たり」と書かれたあと、読み下し文ですと『聖典』六五頁の三行目にあります。

宜《よろ》しく自《みずか》ら決断して、身を端《ただ》しくし行を正しくくし、益《ますま》すもろもろの善を作りて、己《おのれ》を修し体《たい》を潔《いさぎよ》くし心垢《しんく》を洗除《せんじょ》し、言行《ごんぎょう》忠信あって表裏相応し、人能《よ》く自《みずか》ら度《ど》して転《うた》た相拯済《あいじょうさい》して、精明求願《しょうみょうぐがん》して善本《ぜんぽん》を積累《しゃくるい》すべし。

善本を求めなければならないということです。その善本ということこそが、どうやってやるかというときに、「身を端しくし行を正しくし」、すなわち「端身正行」ということです。こういう言葉が、繰り返し繰り返し、少しずつ変えながら出てきます。今後は、「端」は心じゃなくて「身」についています。「正しさ」は「行」についているのです。自ら心を正しくするということは何かといったら、それは身を正しくすることだと。そしてその結果として、行い、「行」というものに、その「正」という意味での正しさが表れなければならない。「端」ということと「正」ということをこういうふうに使い分けて、善本というものを成り立たせているのはこれなんだと、善本積累しなさいと言っているのです。でもそれができないから、このことはどういうことかといったら、『聖典』六六頁のいちばん最初にあります。

仏《ぶつ》、弥勒《みろく》に告《つ》げたまわく、「汝等《なんだちょ》能くこの世にして、心《しん》を端《ただ》しくし意《い》を正しくして、衆悪を作らずは、甚《はなは》だ至徳《しとく》なりとす。（下略）」

今度は、「端心正意」と書いてあるでしょう。漢文というのは、私たちに考えるきっかけを、黙っていても指し示してくれているのです。

身を正しくしなさいと言われても、一体それは何かと言われたら、「心」と「意」を正しくすること、こころは二つ、「心」と「意」との二つを正しくすることなのだと言うのです。そしてそのことをテーマとして、五悪段を説くのです。身を正しくし、行を正しくするとは、心を正しくし、意を正しくした上で起こってくることだと。そしてそれは何かといったら同六七頁からずっと続くのですが、第一の悪を説いては、

一心制意《いっしんせいい》、端身正行《たんじんしょうぎょう》

と書いてあるでしょう。今度は意をここに持ってきて「一心制意」と。心を整えて、押さえて、そして身を正しくして行を正しくする。「端身正行」はここに出てきます。これが一、二、三、四と繰り返し繰り返し出てくるのです。同七〇頁三行目を見ていただくと、第二の悪のところで、

人、能《よ》く中にして心《しん》を一つにし意《い》を制《せい》し、身を端《ただ》しくし行を正しくして、

と同じ言葉が出てきます。三つ目の悪、同七一頁の八行目には、

人、能く中にして心を一つにし意を制し、身を端しくし行を正しくして、

と同じことが書いてあります。四つ目までずっと一緒です。同七三頁一行目にも、

人、能く中にして心を一つにし意を制し、身を端しくし行を正しくして、

とあります。そういうことを言っているのです。

ところが最後、五つ目、同七五頁後ろから七行目では、

人、能く中にして心を一つにし意を制し、身を端しくし念を正しくし、

となっています。

「一心制意、端心正念」といって、「正行」を「正念」に変えています。こういう言葉の少しずつの置き換えが一体何を表しているかというと、これこそが、五悪段の中にあって、そこに生きる者たちがどのようなかたちでそこで歩んでいくのか、ということを表しているのです。歩みを表すために、少しずつ変えていくのです。少しずつ変えれば歩んで

いくことがわかるからです。言葉はこのようにして選ばれているということです。漢文というのは、そういう意味ではほかの言語より強みがあります。一つひとつ意味があることによって、一文字一文字を少しずつ入れ替えていくことによって、そこに思想の歩みを表すことができるのです。

これが実は、希望として未来を待ち続けることができない者の行う姿勢を言っているのです。何よりも身というものを正しくすること、そして行を正しくするということにおいて、そこから身ということから心ということ、意ということ、意というのは一心制意という、この一心というのは、親鸞聖人が、阿弥陀経でいえば「執持名号一心不乱」という一心であります。決して「一心に正念にして直ちに来れ」という一心ではありません。それも含めてですが、あるいは「一心専念弥陀名号」というようなことも含めて、むしろ「一心不乱」というところに立った「一心制意」です。大経の中にも、一心という言葉がこういうかたちで説かれていることを注意しておかないといけません。

その後に、最初に言いました「今世に先ず殃病を被りて、死を求むるに得ず。生を求むるに得ず」という結論が出ます。こういうことを言っても、それでもできないと。それができないということを自覚したときに、その善本を修せずということがあったときに、同七七頁の一行目、

終《つい》に度世《どせ》・泥洹《ないおん》の道を得《う》

と書いてあるでしょう。ここに「度世・泥洹の道」と書いてあるのは、「度世・上天・泥洹の道」という「上天」という言葉は抜いてあるのです。五悪段というのは、「度世・長寿泥洹の道」というのを与えるというふうにして説き始めるのです。五悪段のいちばん最初は、「度世・長寿泥洹の道を」というふうに言っています。「度世」と「長寿」と「泥洹」、これが五悪段に先立っています。ですがここの「長寿」ということも一体何なのかといえば、「仏に曼う」という時間を与えるということです。

ところが、この「長寿」という言葉がどうなるかというと、単に、ここではよく我慢できないだろうから、どこかに避難しておけということで、上天と言っているのです。度世・上天・泥洹の道を与えるといって、第一から第五まで続くのです。上天というのは兜率天、弥勒の兜率です。弥勒のもとにあって人間というものを観察する、あるいは、この世にあって待つのに、待つ場所を与えてやろうという、苦しい中で待つのはいやだから、ちょっと逃げておこうということです。待つためには待つ場所がいるでしょう。ちょっとどこかへ逃げておきたいでしょう。ちょっとどこかへ逃げておこうというようなかたちで、待つ時間というのを、時間を待つということを、場所を変えることによって示そうとするのです。

ところが、結論として、そういうのをやっても救われないと言っています。救われないから、上天そのものを打ち砕くようなもの、上天を消し去るようなものが必要だと言っています。だから、最後、「度世・泥洹」となっているのです。上天がないでしょう。これは、忘れたんじゃないのです。七七頁に「終に度世・泥洹の道を得」と書いてあります。それは、長寿ということでもなく、上天ということでもありません。今というところに未来を見たという、今、どこにあっても待ち続ける、長い先にあるのではなく、未来が今という時間の上に、未来を生きることができたということです。そういうのが、「度世・泥洹の道」なのです。そのための一つの方法として、上天という思想もあるのです。でも、それをやってもできなくて、そういうことを教えながら、そこに人間の姿を重ねていったときに、そういう方法として与えた人間の幻想が打ち砕かれて、事実として生きているとそのものに立って、なおかつ生き続けることができるものに変わると言っているのです。そのことを受けて、

汝《なんじ》、いま諸天人民《にんみん》および後世《ごせ》の人、仏《ぶつ》の経語《きょうご》を得て当《まさ》に熟《つらつ》らこれを思いて、能《よ》くその中にして心を端《ただ》しくし行を正しくすべし。

このように、「端身正行」と書いてあったのが、結論は、身から心になったのです。長い歩みの中に、「端心正行」ということが出たのです。

心というのは、経典の中では阿頼耶職を表す概念です。同じこころでも、心と意とを比べると、意は末那識、心は阿頼耶識を表します。阿頼耶識というものを整えることによって、正行になる。阿頼耶識を整えるということは、私という存在を、私を超える世界との関係の中にとらえるということです。

端心正行というのは、私が私という存在を通して、世界全体が、私自身の意識にすべてがおさまるようになったということなのです。自分のためではなく、世界が自分になったというのを端心正行と言うのです。

この心という言葉は、阿頼耶職ということで押さえるならば、そういう意味があるのです。心というのは、この阿頼耶職の中の阿頼耶です。でも、端心といって心を端にしてしまうと、阿頼耶職が転識得智で、阿頼耶職の転識得智は、大円鏡智になります。でも、大円鏡智になっていくために、阿頼耶職は、我愛執蔵現行位といって、その煩悩によって、自分でもとらわれているところから、一つずつ、善悪業果位という異熟識になっていきます。そして、相続執持位というかたちで一切種子識になっています。それは、私たちの心の在り方が世界にどんどん開かれていって、世界が自分であるという意識になったということです。それを端心と言うのです。端心正行というと、自分のためではなく、世界全体のために行うということになったのだということです。身を正しくするというのは、世界というよりも、この身というかたちによって自分自身に課せられたもの、自分というものを通して世界を見つめ直すということはあるでしょうけれども、むしろ世界が自らであるというかたちで、端心正行という言葉を持ってくるのです。

そこに、身を正しくするということが、心を正しくするというかたちで歩みとなって、人間のその精神が、未来を待ち続ける強さを持つことができるのです。未来は、彼方にあったのではありません。未来はむしろ、辺縁にあったということです。自分自身が見失っていた世界こそが未来だという、こういう発想なのです。

そうなると、四十八願の中の、寿命無量の願と光明無量の願、寿命無量の願は、この端身正行、身のほうです。光明無量の願は、端身正行の心のほう、光と命によって、自分自身の世界というものを本当の意味で一つにしていく、自分自身の命を、本当の意味で世界と一つにすることができるということを言っているのです。これは、私たちにとっては、先ほど殃病と言ったけれども、病を越えていく唯一の道です。病は、自分自身の病だということではないのです。私が病んでいる病も世界の病です。時代の病を病んでいるという意識によって、人が病むことを、その時代の病としてともに背負うことができるかどうか、そうなったときに、病は災いの病ではない、時代というものを明らかにして、時代というものにこたえていく、まさに私たちに病というものが課題となって、課題として担わなければならないものというかたちで病が現れてくるのです。

課題といえば、この間、京都の山城地区の同朋大会でお話しをしたら、課題というと重たいと言われて、そうかなあとも思いました。課題というのは何となく人間を重たくすると言いますが、そうでしょうか。言葉として課題というのは重たく感じるかも知れませんが、でも、課題を持った人間は明るい、課題を持った人間は軽いのです。

七覚支というのがあるでしょう、七覚支というのは何かというと、菩薩の修行の歩みの中で、七つの徳目というのがあって、それが一つずつ整っていくことによって、菩薩はその修行を完成していくのだというものです。七覚支、七つの覚です。その中の一つに、軽安ということがあります。軽いという。これは課題を背負っていないと軽くならないのです。

その課題というのは何かというと、人間の課題です。自分の課題は重たい。人間の課題は軽いのです。軽やかに生きられる。それは、人間の課題は一人で背負うんじゃないからです。共に背負っているということによって、その課題によって人と繋がるからです。課題によって人と繋がったときに、それまで自分を閉じ込めていた孤独、閉じ込めていた殻が破られるから軽くなるというのです。私たちの重さはどこにあるかというと、別に荷物の重さじゃなくて、重いのは自分を閉じ込めている殻の重さなのです。これが疑城胎宮という、閉じ込められた者の苦しさなのです。

それが破られて世界が広がったときに、どのようなものを持っていても、そのことによって破られたのであれば、まさに気球を持ったようなものです。気球にぶら下がって空に飛び立つように、その課題が広い世界へ連れて行ってくれるのです。もう決して重くも苦しくもない課題として、人間の課題を背負った者の軽やかさが獲得できるのです。軽安ということを大切にしなければならないのです。あるいは、軽安さを得られないような課題は、自分で勝手に思い込んでいる課題です。そんなもので人間は救われません。

僕は医者をしていて患者さんを診るわけですが、僕が深刻な顔をして「大変ですね」と言っても誰も救われないのです。癌の人に、癌ですね、大変ですねと言って一緒に泣いたって、どうにもならないのです。「あっ、そう」と言っておいたらいいのです。「死ぬ」と言ったら、「あっ、そう」と言っておいたらいいのです。「あっ、そう」と言えるだけの軽さがどこから出てくるかというと、人間の課題を一緒に持った、そこに出会いがあって出会ったことを喜んでいれば、「あっ、そう」と言えるのです。「死ぬ」と言われたら、「そう」と言って、「お先にどうぞ」と。「私はなかなか行きたくはないけれども、またお会いすることがあるかも知れませんね」と言って。そういう軽さを持って答えられなければ、人間の病は軽くなることがありません。たとえ絶望して死にたいと言っても、そのことで、こちらがその重さを一緒に背負うようなことをしたら、それは決して救われないのです。死にたいと言ったら、「そう」と言っておけばいいのです。何でも「そう」と言っておいたらいいのです。他に言いようがないのです。死にたいと言う人に、そんなことはないと言っても、死にたい者は死にたいのだから、死んではいけないと言ったって、そんなことわからないのですから。「そういうこともあるわねえ、そう」と言っておいたらいいのです。

でも、「そう」と軽くこたえられるのは何かといえば、人間というものを知るということです。そして人間を知ることによって、私たちは、五悪段に説かれていることでもありますけれども、未来というものを見失っても、今を生き続けていけば必ずその先に未来が現れてくると信じることができるかどうかです。極楽に行ったことがなくても、今きちんと生きていれば極楽には行くものだと言えるかどうかです。そりゃ、極楽なんか行ったことがないからわからないけれども。僕は自分は極楽に行くと言っています。皆さんは行くかどうかわからないといつも言っていますけど。ただ、必ず誰でも念仏すれば極楽に行くという、そういうことを言ってきたことは、人間は誰でも極楽への道を歩んでいるのだということを示しているのです。だから、共にあっても、決して辛く苦しいわけではありません。かえって明るくて、人生が軽くなっていくような、そういう教えになっていくのではないかと思うのです。

今日は、「医療と真宗」というようなテーマをもらったのですが、十分に医療の話に触れることができなかったかも知れませんが、病気で苦しんでいる人とか、あるいは自分自身が病気になられたときに、今日話したことを少しでも思い出していただけて、軽い気持ちで病気というものに出会うことができるようになったら、少なくとも殃病という、災いとしてある病から、普通の病、むしろ、それをきっかけにして人間を回復する病にすることはできるだろうと思います。今、医療の中で最も大切なのは、そのことです。医療は病を、災いにしてしまっているのです。病によって人間が人間に目覚めていくのだということを、きちんと私たちが伝えていかなければ、医療だけではどうにもならないところにきているというのが、私自身が病院の中で二十年余り仕事をしてきて思うことです。それを皆さまにお伝えして、そのことを日々の中で具体的な形で実践していただけたら言うことはありません。

そういう実践が何かといえば、来年、私も皆さまにまたお会いできるかどうかわかりま

せんから、一つだけ申し上げます。その実践が『聖典』七七頁の七行目、

汝等《なんだち》、ここに広く徳本を植え恩を布《し》き恵を施《ほどこ》して、道禁《どうきん》を犯《おか》すことなかれ。

と書いてあるでしょう。先ほどのところでは、『聖典』七五頁の終わりから、

吾《われ》、汝等《なんだち》に語る。この世の五悪、勤苦《ごんく》かくのごとし。五痛《つう》、五焼《しょう》、展転《てんでん》して相生《あいしょう》ず。但《ただ》し衆悪《しゅあく》を作《な》して善本《ぜんぽん》を修せず。

と言っています。善本というものができないと言った後に、ここにきて、「ここに広く徳本を植え恩を布き恵を施して、道禁を犯すことなかれ」と書いてあります。善本が駄目なら徳本にしろと言っているのです。自分のためにすることを徳本とは言いません。徳本というのは、誰かのために行うことです。その徳本を集めるのは誰かというと、菩薩です。人々の徳を集めて、それを以て人を救うのです。私たちができるのは、自分のための善を植えることではありません。世の中に徳の種を蒔いていくことしかできないのです。この徳本という言葉が、二十願の徳本です。二十二願の徳です。徳という言葉は、二十願

十方の衆生、我《わ》が名号《みょうごう》を聞きて、念を我《わ》が国に係《か》けて、もろもろの徳本《とくほん》を植《う》えて、心を至し回向《えこう》して我が国に生まれんと欲《おも》わんに、

（『聖典』一八頁）に、

と書いてあります。ここで植えている。それを集める人は誰か。二十二願（『聖典』一九頁）は、

その本願の自在《じざい》の所化《しょけ》、衆生のためのゆえに、弘誓《ぐぜい》の鎧《よろいき》を被て徳本を積累《しゃくるい》し、

となっています。植えたものを集めてきて積んでおくのです。そして、四十四願は『聖典』二三頁にあります。

たとい我、仏を得んに、他方国土のもろもろの菩薩衆《ぼさつしゅ》、我が名字を聞きて、歓喜踊躍《ゆやく》して、菩薩《ぼさつ》の行を修し、徳本《とくほん》を具足せん。

自分で集めてきたそれを具足して、それを鎧としてまた救いに行くのだと言っているのです。衆生の蒔いた種を持って、その種を届けるものこそが菩薩だと言っているのです。二十願、二十二願から、最後の四十四願というこの三つの願が、徳本というものがどのようなかたちで用《はたら》いていくのかを明らかにすると同時に、この徳本自体は五悪段の上に立って、善本としては修することができないものを徳本として、植え続けていく私たちの在り方というものに立っての徳本なのです。このことを言っているのです。

だから私たちが、具体的に医療だけではなくて、現実の問題にぶつかったときに、徳本を植えていく、そういう名号でなければならないのです。善本の名号でもいいのです、それは清浄なる心を持った人がやればいいことです。清浄なる心のない者は、徳本を植えればいいのです。心が清浄でない者は、身を端しくしなければなりません。そういうことを言っているのです。身を端しくできない者はどうしたらいいか、一心制意、一心にならなければなりません。親鸞聖人は、これだけは絶対に必要だと言っているのです。

一心というのは何かというと、もうひとつ言い換えたら至誠心です。真面目にならねばならないと言っているのです。生きるのに不真面目な者は救われないと、親鸞聖人は言っているのだと思います。その真面目さ、生きることに対する真面目さこそが、やはり人間を救うのです。生きることに不真面目な者は救われないのです。

別に何をしたかではない、生きることに真面目であるかどうかが問われています。そういうことは今の時代にあっては、最も忘れられていることではないでしょうか。だから病院で、死ぬに死ねない、生きるに生きられない状況ができているのです。それは、患者も医者もみな一緒です。それを時代と社会の病だというふうに言ってもいいのかも知れませんが、そこのところを何とか変えていこうとしなければならないのです。そういうことが、時代の課題として私たちに要求されているのではなかろうかと思います。

人間を回復するために

おはようございます。ここにお伺いするようになって、もう何年かなりますので、何となく年の瀬がきてお邪魔すると、一年が終わったなという気がします。今日は七百五十回忌の法要も一緒にということですので、それにふさわしいお話しをしようと思ってまいりました。

七百五十回忌ということを単に歴史的な出来事として言えば、七百五十年前に親鸞聖人がお亡くなりになって、それから七百五十年歳月が流れた。そういうことでしかありません。しかし、この七百五十年という非常に長い年月が経って、親鸞聖人の言葉をこうやって語り伝えてきたものがあるということが、何よりもの驚きであります。書物に書かれたものとしては、もっと昔の哲学者の言葉であるとか、論語であるとか、さまざまな言葉が残されておりますが、その中にあって親鸞聖人の言葉が一体何故、こうやって伝わってきたのか。誰が伝えてきたのか。論語などという儒教の教えは、ある意味では民衆というよりも、論語というものを利用して為政者たちが、国を治め、あるいはそういう形でのその精神というものを民衆に伝えるために、意図的に伝えてきたものであると言えるでしょう。哲学は、思索によって、真理というものを求める人たちの中で伝えられてきた言葉であるかも知れないですけれども、親鸞聖人の言葉は、私たちが聞いてきたそのような論語であるとか、哲学であるとかいった言葉とは、全く違ったものではなかろうかと思うのです。

それは、お念仏とともに、お念仏の声とともに、親鸞聖人が伝えられたものが伝わってきているからではなかろうかと思います。その時代その時代によって、人間の抱えている問題も変わってきます。しかし、親鸞聖人が生きられた時代の課題と、それから戦国時代とか江戸時代、明治と、そういう形で時代が変わっていって、そこで伝えられていった教えを聞いてきた人たちの抱えていた課題とそして私たち、今生きている者の課題は、時代を超えた人間の課題でもあります。その課題が伝えたものこそ、親鸞聖人の言葉だったのではないかと思うのです。先ほど、住職が表白で言われたように、まさに、津波と地震と原発という形で、今、私たちは大きな課題を背負わされているわけですが、親鸞聖人の言葉が本当に私たち人間の課題に応えるものであるかどうかということを確かめていくことこそが、七百五十年という時間に応える、唯一の私たちにできることではなかろうかとも思うのです。

原発が爆発する前は、原発問題を指摘する方はいらっしゃいましたが、原発を必要だという声の方が圧倒的に多かったように思います。その声の中で原発を造り続けてきたのが私たちでありますから、まさに原発の問題というのは、原発を止める問題以上に、原発を造ってきた私たちの時代の問題でもあります。それは原発を造るということで象徴的に言っていますが、原発に代表されるような科学や技術が、未来を作り出していくだろうとか、あるいは、経済的な豊かさが私たちを幸せにするのだというような価値観を作ってきました。ですから今、原発を止める、あるいは原発をやめるというのは、私たちのこの現代の価値観全部をひっくり返すほどの大きな問題になっています。逆に言うとそれだけ大変なことですから、反対する人も圧倒的に多いですし、原発を止めるという人と反対する人がそれぞれの思いの中で、意見を闘わせているのが現代ということかも知れません。

そういう中で原発の問題がどういう方向に動いていくのかということは、個人個人の思いを越えて、私たちがどのような人間を生きているのかということに他ならないわけです。その私たちが生きている人間とは何かということに気づいていく道筋というものを与えているのが、おそらくは親鸞聖人の明らかにした念仏ということではなかろうかと思うのです。

親鸞聖人はたくさんの書物を著して、たくさんの言葉を残されています。その言葉の中に、何を親鸞聖人は伝えたかったのかということをもう一度確かめ直さなければならないと思います。先ほど、ご住職は、奥底にある太鼓の響きだというふうに言われました。太古かと思ったら、太鼓だと言われました（笑）。あ、そうか、昔じゃなくて、まさにドンドンと鳴り響く太鼓だなとお聞きしていたのですけれども、その太鼓の響きというときに、その響きとは一体何なのかということです。原発を進める人も太鼓の響きを聞いているはずですし、原発に反対する人も太鼓の響きを聞いていなければいけません。どのような人の中にも太鼓の響きはあるはずです。しかし、その響きを聞くということは一体何なのか。太鼓の響きだって、聞きたくなければうるさいだけで、耳を塞いでしまうこともできるかも知れません。それを聞かないことにすることはできるのかも知れません。しかし、それをしっかりと聞いても、響きのもとになるものを確かめておかなければ、すなわち、響いていることだけしかわからなければ、何をどうしていいのかわからない、焦りしか生まれてこないような気がします。そしてこの焦りは、今の時代に生きるみんなが持っているのではないかと思います。大人も子どもも、みな焦っているように思えてならないのです。大人も焦っている。子どもも焦っている。生き急いでいる。大人も子どもも生き急いでいる。年をとってしまうと、あと少ししかない人生で何とかしなければならないという思いがあるというのはありますが、それは一回きりの人生であるということをみんな知っているからでしょう。ただそれが焦りとなるのは、残された時間で何をしなければならないのか、生きている時間の中で、何を自分の課題としなければならないのかということが見えていないからなのです。あるいは、それが全くそういう課題として捉えられていないからではなかろうかと思うのです。

そのことをもう一度、『歎異抄』の言葉を通して確かめてみたいと、この頃、思うようになりました。『歎異抄』というのは、親鸞聖人のお弟子さんである唯円という方が、親鸞聖人に直接聞いた、耳の底に留まる言葉を記したと言われているものです。自分の聞いたものが、耳の底に残って離れない言葉としてあるんだというふうに言っているのです。そこに、そういう聞き方、ただ聞いて覚えていたのではなくて、忘れられない言葉として残っているものだと。ですから、それは親鸞聖人の声ということだけではなくて、親鸞聖人の声を通して、心の響き、魂の叫びが親鸞聖人の声となって、自分の耳の底に留まっているということだと思います。今も、読み続けられているのは、そこに、単に念仏の教えを教えたのではない、もっと根源的なものを感じられるからだろうと思います。

今日は『歎異抄』（『真宗聖典』六二六頁、東本願寺出版部、以下『聖典』という）の言葉から、親鸞聖人の言葉をもう一度、振り返ってみたいと思います。第二条を読んでみましょう。

おのおの十余か国のさかいをこえて、身命をかえりみずして、たずねきたらしめたまう御こころざし、ひとえに往生極楽のみちをといきかんがためなり。しかるに念仏よりほかに往生のみちをも存知し、また法文等をもしりたるらんと、こころにくくおぼしめしておわしましてはんべらんは、おおきなるあやまりなり。もししからば、南都北嶺にもゆゆしき学生たちおおく座せられてそうろうなれば、かのひとにもあいたてまつりて、往生の要よくよくきかるべきなり。親鸞におきては、ただ念仏して、弥陀にたすけられまいらすべしと、よきひとのおおせをかぶりて、信ずるほかに別の子細なきなり。念仏は、まことに浄土にうまるるたねにてやはんべるらん、また、地獄におつべき業にてやはんべるらん。総じてもって存知せざるなり。たとい、法然聖人にすかされまいらせて、念仏して地獄におちたりとも、さらに後悔すべからずそうろう。そのゆえは、自余の行もはげみて、仏になるべかりける身が、念仏をもうして、地獄にもおちてそうらわばこそ、すかされたてまつりて、という後悔もそうらわめ。いずれの行もおよびがたき身なれば、とても地獄は一定すみかぞかし。弥陀の本願まことにおわしまさば、釈尊の説教、虚言なるべからず。仏説まことにおわしまさば、善導の御釈、虚言したまうべからず。善導の御釈まことならば、法然のおおせそらごとならんや。法然のおおせまことならば、親鸞がもうすむね、またもって、むなしかるべからずそうろうか。詮ずるところ、愚身の信心におきてはかくのごとし。このうえは、念仏をとりて信じたてまつらんとも、またすてんとも、面々の御はからいなりと云々。

非常に有名な言葉ですから、これまで何度か聞いてこられたことと思います。改めて見てみますと、地獄は一定すみかぞかしとか、というような形で、極楽に対して地獄におちてもかまわないのだというような、そういう言葉が自分を捉えてしまうのですが、よくよく読み直してみますと、親鸞聖人にとって極楽に行くこと、地獄に行くことは、もはや念仏をするということの中で、問題ではないのだと言っているのです。極楽に往生することが念仏の救いであるということは、それまでの仏教の中で確かめられてきたことです。先ほど、生きている時間は短い、生きて、限られた時間の中で何かをしなければいけないということで、私たちは生きることを生き急いでいる、あるいは焦っているということを申しました。そういうものを超えるものとして、極楽に往生する自分のいのちというものによって、生きている時間が終わってからの、そこから始まるような人生の課題というものを見つけることによって、いかに生きるかという問題を、私たちは克服したように思うのです。死ぬことによって、死ぬまでにしなければならないことというのは、往生極楽ということのための仕事であって、生きること、その中に何かを完成する必要もなければ、生きることを自分で証ししなければならないことでもない、極楽往生することこそ、私たちが人生をかけて、そこで確かめていくことであると。そして、極楽に往生することは亡くなったあとのことであるというふうに言うわけです。そういうふうにして、人間の苦しみというものの根源にある生きることの儚さ、時間ということに、限られた人生を克服し生きる意味というものが回復されてきたというのが、仏教の教えが具体的に、一人ひとりの救いに変わってきた長い年月の証しだろうと思うのです。

極楽に往生するということは、お釈迦さまは言っていないという話もありますが、仏教が言う人生の課題というのは、そういう形で私たちの限られた人生というものが、それが単にそれだけではなくて、その限られた人生の中でなすことが、限られた人生を永遠にするものであると、こういうことを言っているのです。そういうことを見つけていく、これはある意味で、清沢満之が、有限と無限と表現されて、人生とは有限である、でも、いのちは無限である、如来は無限であると。その、有限と無限との関わりの中でお念仏を確かめたこととも繋がるわけですが、それによって、人生そのものの時間が、私たちが時計の中で生きている時間と、そうではなくて、命として生まれて、そして生きて死んで、そしてその死を通して、その死を超えて、流れていくいのちを生きるという、その命といのちが、二つ別のものが一緒に生きられるようにするために、このような有限と無限として言われたのだと。往生極楽は、この儚い有限な人生を無限な儚いものでなくするために言われたのです。それを聖徳太子は、世間虚仮と唯仏是真というふうに言っています。仏のみが真である、世間は虚仮、空しく、移ろうものであると言っています。その世間虚仮ということとも繋がっています。空しく、移ろう世間の命というものにとらわれることなく、永遠のいのちを生きようではないか、と。それは、死後に続く世界としての極楽に生まれることであるとしてきたのです。ですから、極楽に生まれようとする思いがすべての人をとらえて離さなくなったわけでしょう。日本の仏教が大乗仏教といいながら、極楽往生ということを中心的な課題としてきたのは、決して日本の民族が迷信深いとか、あるいは死後の世界を持っているということよりも、仏教そのものを一人ひとりの中に確かめたときに、仏教の教えの神髄として確かめたからだろうと思うのです。それは決して、迷信などというものではありません。例えば『源氏物語』は恋愛小説のように思われていますが、よくよく読んでみると、仏教の教えを受けて、この有限の時間の人生をいかに生きるのか、その中で、極楽に生まれていくということは一体どういうことかということを、課題として書かれたものと見ることができると思います。

『源氏物語』を愛されて読まれている方はたくさんいらっしゃるでしょうけど、いろんな読み方ができると思います。あの中で、源信僧都が勝れたお坊さんとして出てまいります。小説の中ですから、念仏の教えをそのまま伝えるという形ではないにしても、仏教の教えというものをこのように受け止めてきたことは決して間違ってはいないだろうと思います。ただし、このことが果たして本当の意味で人間を救ったのかというところが問題なのです。極楽浄土をあの世の浄土としてしまい、この人生の儚さだけが強調されて、その儚い人生というものを越えて、極楽世界に往生することを死後の往生というだけに、次第に変えていったものが、おそらくは、平安の末法思想の中にあった人々の不安であったであろうと思います。それは今日においても、私たちは、今さら極楽往生は言わないけれども、この現実から逃れて何か別の所に行きたいという感覚は、そのときと全く一緒なのかも知れません。

大阪には、テーマパークＵＳＪがあり、東京にはディズニーランドがあります。多くの人が毎日毎日たくさん行っているようですが、あちこちであんなものが流行っているのです。極楽がなくなったからテーマパークに行くのかも知れません。何となくそんな気がしてならないのです。この現実から、現実でないもの、原発の事故があって、放射能が降り注いだ中であっても、ディズニーランドに行くのです、子どもを連れて。一方では放射能を恐れて逃げているのに、その真っ只中に、放射能の中に入っていくわけです。人間の持っている、自分の人生に対する人生そのものの短さとか儚さということからくる空しさを超えようとするものは、たとえ火の中であろうと、放射能の中であろうと、飛び込んで行ってでも、そこから逃れたいと考えるのです。それは日本中が今、テーマパークだけじゃなく、旅行だとかいろんな形で、非日常を求めて、海外旅行に行ったり、いろんなことをしますけれども、逃げているように思えてならないのです。旅行は、普通は逃げるためではなく、旅行をすることによって、生きることの意味を確かめ、再び日常を強く生きていくために、あるいは生きることの本当の意味を見つけるためのものだと思うのです。

しかし、逃げるような、日常から脱出するような感じがするのです。ちょうど遊園地に行くことと同じような気持ちだと言えばいいでしょうか。子どもが遊園地に行くのは夢を見つけに行くのですけれども、大人は遊園地に、現実を忘れに行くのです。でもそれを、大人と子どもが夢と現実逃避を一緒にして行き始めているのが日本の現状です。

遊園地に行くのも、海外旅行に行くのも、何処に行くのも同じです。そういう形での逃避なのです。まるで極楽を求めて行っているようです。平安京にあって、平等院を建て、そこにお浄土の世界をあらわして、そこからお浄土に行こうとした貴族たちの在り方と全く同じではないかと思います。そういう意味では、仏教というのも、平安仏教にあっては、今のテーマパークと一緒だ、ディズニーランドへ行くのと比叡山へ行くのとは一緒だったんじゃなかろうかと思うのです。

今でも宗教というのはある意味で、世間の中で、世間の価値観というものから脱出するための場所です。することがなくなって宗教にたどり着くということもあります。親鸞聖人の時代の宗教というものも、そういう現実から逃避する場所として、機能していたというとがあるのだろうと思うのです。そのときに、本来、極楽往生を願うのは現実から逃避するためではない、現実に帰るための方法なんだということを、親鸞聖人は、法然上人の確かめた念仏というものに触れて、はっきりと確信したのだと思うのです。そして、法然上人という方を通して、善導の言葉に出会われたのです。さらに善導の言葉から釈尊の言葉に出会い、釈尊の言葉から弥陀の言葉に出会うことによって、仏教の精神というのは、決して現実というものから逃避するものではない、現実を生きるための言葉なのだと確信するわけです。現実を回復するためにこそ仏教の言葉は伝えられてきたのです。だから念仏を申しても、念仏をしてお浄土に行く念仏ではないのです。お浄土に生きることをもって、その覚悟を持って、現実を生きる念仏に変わったのです。これは大きな違いです。念仏をして、早くお浄土に行きたいというのは、日常から脱出することです。そのような悟りを、解脱と言います。

解脱とは、解き放たれて脱出していくと書きます。蟬脱とも言います。蟬が殻を抜け出て飛ぶようになる。蟬脱とか解脱と言います。これが仏教の悟りだと言うのです。抜け出ることです。抜け出てしまったら、どこかへ飛んで行ってしまう。しかし、抜けて出て、解脱しても、そこに残っているものがある。解脱したからといって、よその世界へ行くわけではありません。仏の悟りの世界に行ってしまうわけではなくて、解脱してもここにいるのです。解脱したら何になるのだろうということです。蟬の幼虫は土の中に居続けて、土の中を生きている。でも蟬がその殻を脱ぎ捨てて、羽根を得て、空を飛ぶようになったとき、空に飛んで行ってしまうんじゃない。卵を産まねばならない。その卵をもう一度、土の中へ返さなければならない。ずっと土の中に居るのだけど、その土の中に居るはずの蟬が、空を飛んで行った記憶を託して卵を土の中に返すのです。私たちだってそう、お浄土に行くということがあっても、お浄土に行くという形で、お浄土に生まれるという精神を持って、その精神をもう一度、自分自身の中に蓄えて、ここにもう一度生まれ変わることを言うのです。解脱とか蟬脱というのは、飛んで行ってしまうのが悟りのような、どうもそういう傾向が言葉の中に残っています。煩悩がなくなったり、違うものになってしまう。だから親鸞聖人は、煩悩はなくなったりしないと言います。

その次の第三条（『聖典』六二七頁）には、このように書かれています。

善人なおもて往生をとぐ、いわんや悪人をや。しかるを、世のひとつねにいわく、悪人なお往生す、いかにいわんや善人をや。

悪人往生という有名な言葉ですが、

この条、一旦そのいわれあるににたれども、本願他力の意趣にそむけり。そのゆえは、自力作善のひとは、ひとえに他力をたのむこころかけたるあいだ、弥陀の本願にあらず。しかれども、自力のこころをひるがえして、他力をたのみたてまつれば、真実報土の往生をとぐるなり。煩悩具足のわれらは、いずれの行にても、生死をはなるることあるべからざるをあわれみたまいて、願をおこしたまう本意、悪人成仏のためなれば、

と言っています。このときに、煩悩具足のわれらだと言われても、煩悩はなくなるとは言っていないのです。問題は、私たちの往生にとって、煩悩を具足するというのは一体どういうことかということです。煩悩には二つ、大きなテーマがあると思います。煩悩具足の凡夫と、煩悩成就の凡夫、この二つです。どちらも煩悩です。それまでの仏教は、煩悩というのはなくならなければならないものとされていました。今でも、お寺で大晦日に百八つの鐘をついて、煩悩を一つずつなくしていくのだと言っていますが、あんなことで消えるわけがありません。でも、煩悩をなくすことが仏教の教えであって、煩悩がなくなるということが悟りだと言います。しかし煩悩がなくなるということは、一体何かということです。言い換えれば、煩悩によって生きているものは何かということです。

親鸞聖人は、「悲しきかな、愚禿鸞、愛欲の広海に沈没し、名利の太山に迷惑して」（『教行信証』「信の巻」、『聖典』二五一頁）と言われます。愛欲と名利です。愛欲や名利といったら何かと言えば、人との関係です。愛欲は、好きや嫌いということでしょう。名利といったら、人と比べて自分のほうが人に褒められたいとか、そういうことです。秋になると文化勲章というのが与えられますが、それは人を褒めることです。名利です。その名利と愛欲から離れられないと、親鸞聖人は言われています。

愛欲とは、人を愛するんじゃないのです、自分を愛することなのです。一番大事なのは自分でしょう。自分を愛さなくては、人も愛せません。しかし、自分を愛するというのは、自分の何を愛しているのか。名声って一体、何なのかと、何を誇りとしているのかと。自分に誇りがあるんじゃないのです。人間もそんな馬鹿じゃないから、自分なんて大したことないって、長いこと生きてみたらわかるのです。だけど大したことのない自分でも、一所懸命生きてきた、私が苦労してきたということに対して、楽しんできたということはあまり誇りに思いませんが、苦労したなら、その苦労してきたことを誇りにします。私の人生は辛くてしようがなかったということは誇りになるのです。大きな病気でもしたとき、助かったら病気の痕を見せたいと思います。自分はこんな大きな手術をして、死にそうだったと言います。それは、苦労をしてきたからだ、こうやって生きてきたんだという自分の人生を誇りたいのです。病気ばかりして、本当は何もいいことなどありはしないと思っています。でも一方で、自分にとってはそれが宝物なのです。

　人生の宝とするものが、愛とか名声というものです。それは煩悩です。煩悩を具足するというのは、その煩悩が離れない、人生から離れることができないということです。私たちは、生きている限り人生から離れることはできません。煩悩具足の凡夫と言ったときに、いくら蟬脱だ解脱だと言われても、抜け出て自分の人生を捨てることはできないものを言うのです。自分の人生を捨てることはできないということは、執着があるということです。迷いだというふうに言って切り捨てることができるのかといえば、それで消えていけば自分も消えていってしまう。自分が生きてきたことも切り捨ててしまう。それでいくら楽になって救われても、何もなりません。それならまだ地獄のほうがましだということになります。煩悩がまだ捨てられないだけ、まだ自分の人生が残っているのですから。極楽に行ったら全部なくなるのです。だから、極楽より地獄に行きたがるのです。落語なんかには極楽巡りというのはありませんが、地獄巡りという落語はあるでしょう。忘れられないものは地獄の中にしかありません。それを忘れてしまったら極楽に行けるのです。だから、みんな極楽に行きたくないと考えます。それが煩悩具足の意味なのです。苦悩の人生から離れることができない人間が、でも、解脱とか蟬脱といっていた悟りということに触れて、離れることはできないままに、煩悩をきちんと受け止めることによって、自分を回復して、自分らしく生きていく道があるのではないかということを、お念仏の中に見つけました。だから、『歎異抄』第二条（『聖典』六二六頁）では、

往生極楽のみちをといきかんがためなり。

往生極楽のみち、と言っているのです。往生極楽の方向ではないでしょう。みち、道というのはここから繫がっているのです。どうやって往生極楽のところに繫がっていくのか、道に立てるのか。この人生が、往生極楽のみちとなるかどうかということをといきかんがためなり、と。

親鸞聖人は生きるのにたいへんこだわります。執着します。「愛欲の広海に沈没して、名利の太山に迷惑して」と。でも、だんだんなくなっていくものもあるでしょう。食欲はなくなっていくでしょう。藤元正樹先生が、本当に美味しいのは水だとおっしゃいました。水の美味しさがわかったらそれでいいと言われていました。まさに年をとったらそうです。

そういう形で年をとると、欲は少しずつ消えていくものなのです。もしかしたら名利の太山というのもなくなるかも知れません。僕の連れのおばあちゃんが九十八歳で亡くなったのですが、一日中、家の中の座敷に座って外を見ているだけなんです。何もすることがないのに、よく飽きないなぁと思ったのですが、朝から晩まで外を見ています。でも、何もしていないことが、苦ではないみたいです。すごいなあと思って見ていたのです。欲がなくなるのでしょう、きっと。何もなくなったら、そのときがお浄土に行くときなのでしょう。でも、なかなか死ぬまでなくならないのです。死んで、死ぬ瞬間まで、あるのです。愛欲の広海と名利の太山と言いますが、やっぱり自分が大事だと思う人の顔を見たいと思うのは、死ぬまで続くのと違うのかなと思います。そして、もう誰に会う必要もない、もう何もする必要もなくなったときに、お浄土に行くのです。でも、お浄土に行ったからといって何もないことはないのです。また別のものがあるのです。

お浄土に行ったら、お浄土の土になって、あるいはお浄土の水になって、お浄土の花を開かせるということがあります。だからお浄土に行くときがきたら、煩悩具足じゃなくなるのです。煩悩がある間は、お浄土に行けないということです。でも、お浄土に行けないということは、お浄土と今生きているここが繋がって、今、私はお浄土というものに、繫がりながら、今を生きているということです。この現実の人生から離れることができない。この今を生きている人生を捨てることができない。その捨てることができない人生に、どうやって、その人生を生きていくかということを、自分自身の今生きているということを確かめることこそが、この人間を証しすることだと。

今までは、煩悩によって、自分が、自分を見失って生きてきたけれど、今度は煩悩によって自分を見つけ直すのです。煩悩によって世間に、人生に縛られているものが、そこから煩悩によって自分を見つけるのが煩悩成就というのです。煩悩といったら百八つとか百二十八とか、いろいろと数え方はあるみたいですが、その中でも、愛欲と、それから名利の太山と親鸞聖人は言われます。『正信偈』では貪愛、瞋憎。貪りと愛と、怒りと憎しみだと。こういうものが、煩悩だと。その煩悩が、単にこの自分にあるのではなくて、煩悩がどこから来て、自分のどこにあるかというのがわかるのが煩悩成就です。腹が立ったといって、腹が立っただけじゃない。腹が立ったら腹が立ったなりの意味がある。その愛欲と、愛着するとかいうことも、それにはそれなりの、単にそういうことじゃなくて、それが起こってくる意味があるのです。腹が立つのだって、腹の立ちやすい人だっているんです。何を見たって腹が立つという人です。

　そのような自分の性格は、ひとりでにできたのではなく、自分を作ってきた長い長い歴史によって作られてきたものでしょう。だから、個人に先立って、人間として作られたことで、その中に煩悩と一緒に生きていくように生まれてきているのです。煩悩成就というのは、自分が人間だということ、そして煩悩具足の人生を自覚することです。煩悩成就というのは人間を自覚することです。その人間を自覚することによって、自分が単に個人というものではなくて、人間という存在であることに気づくこと、それが煩悩成就という言葉です。だからあなたも私も、煩悩成就の凡夫ということは、人間として背負っているものがあるということです。人生なんて大したことはない、ただ単に生きればいいと、人間なんて何ということも考える必要ない。単なる生物として、人として生まれてきて、子どもができて死んだら、それで終わりだ。それだけなら何も困らない。だけど、私たちは、人間とは何か、人生とは何かと、それを探さずにはいられないのです。その探そうとすることにおいて、人間が人間になっているのです。でも、その探そうとするのは、自分は、単に生まれてきたのではなくて、人間として、そしてこの人間としての自分が人生を生きることが、たいへん大切なものであるということを知っているからなのです。それが人間です。人間とは何かと言えば、生きることを求め、自分を生きることを求め、そしてそこに何かを求めるもの。せっかく生まれてきたいのちだということを自覚して、そのいのちをきちんと生きたいと思うものこそ人間です。私たちはだから、花を植えたら綺麗に咲かせてやろうと思います。自分がこの花を綺麗にさせて、賞を取りたいからじゃなくて、その花を、せっかくのいのちだから綺麗に咲かそうと思います。子どもができてもそうです。生まれてきた子ども、せっかく生まれてきたんだ、その子の花を咲かそうと思いつつ育てるのです。特別立派な子になったり、立身出世して親を楽にさせてもらおうと育てているわけではありません。生まれてきたいのちの花を咲かそうとする。それは自分自身の中のいのちに対することと同じことでしょう。せっかく生まれてきた。それはそういういのちに対する一つの思いと同時に、いのちは花が開くものだということを知っているからです。草花が花開くように、私たち自身のいのちの花は開くのです。いのちである限り、どんな花でも花が開くということを、煩悩成就に対して、願力成就と言うのです。

願力というのは、いのちは単に生きているんじゃなくて、いのちは力を持っている。その力というのは、願というものによって支えられ、願によって力が生み出されて、その力によって花を開かせるということなのです。煩悩成就と願力成就というのは、親鸞聖人が曇鸞という方から学んだ最も大切な概念です。煩悩成就の凡夫と、願力成就の如来です。阿弥陀如来というのは、願力を成就されたかたである、だから、阿弥陀さまと言うときに、阿弥陀さまの名を称えたときに、阿弥陀さまは外にあるんじゃないのです。阿弥陀さまという用き《はたら》が私自身のいのちの根源から流れてくる、そして私まで流れて届いてきた煩悩と一緒に、私の生きる力となってここにある。だから阿弥陀さまとは外にあるものではなくて、私の煩悩のところにあるのです。花が開くそのときに、花に阿弥陀さまが見えるのです。草花に花が見えるのは、花にいのちの花が見えるということです。しかし、この花さえ、花に見えない時代というのもあります。咲いた花をちぎる人もいる。よっぽどいのちが憎いのでしょう。公園の花なんか、引きちぎってしまうような人がいるでしょう。いのちが憎いのです。でもそれは、いのちを憎んでも、憎むということはいのちを求めているということなのでしょう。

私たちの世界というのはおかしいですよ。花がなくなったら、造花で飾るし、街の並木の花が咲いているのに、せっかく咲いた花に電気をつけて綺麗でしょと言っているし、何をしているかわかりません。そういうふうにいのちが見えなくなってしまっている時代なのです。でも、煩悩成就の凡夫として、願力成就の阿弥陀如来という存在を感じたら、阿弥陀如来が花を通して私と出会うのだと、いのちというのは自分に直接じゃなくて、自分というものとともに生きるもう一つのいのちとなって自分に用きかけている。願力成就というのは、ある意味で自分といういのちに、もう一人の自分と一緒に生きている人ということを知らせている、阿弥陀さまの用きなのです。

そのときに、煩悩成就と願力成就という形で表現されているこの人間。それを煩悩成就の凡夫というのは、願力成就の用きを自覚したところに生まれてくる人間です。これが『歎異抄』の中にあって、親鸞聖人が地獄へ落ちてもかまわないというふうに言い切った人間の姿です。地獄に落ちるのではなくて、極楽浄土への道を歩むことをもって今ここに生きているのだと。だから、自分というものを支えている人間というものの歴史を背負って、人間そのものになって、そして人間の中にある如来の力を感じて、今ここに生きるということを、往生極楽の道と言うのです。

そういうことを親鸞聖人は受け取られたのでしょう。だから、こういう『歎異抄』の言葉が出るのです。今が大事なんだと言っているでしょう。生きるとは今を生きることだ。それでも、その今というのは、単に今だけじゃない。往生極楽の道としての今を生きる。それを、念仏の声に聞いたときに、私たちは今まで現実から逃避して、現実から逃げ出そうとするような意識の中でしか生きられなかったものが、現実をきちんと生きられるのだと。今ここに、この場所、この時代をきちんと生き切って、自分の人生を自分のものとすることができるのだと。自分を回復した人の喜びがそこに伝わるでしょう。仏恩報謝の念仏と言いますが、何がありがたいかというと、念仏によって自分を取り返したことです。自分を取り返したといっても、今までの自分ではないのです。自分の中に眠っていた、人間を目覚めさせたことです。人間が目覚めることで、その目覚めた人間を生きることによって、今までと違うものになる。目覚めた人間は願力成就と煩悩成就という形で、命というものの繋がりを見つけたということでしょう。命の繋がりがないと、どんなにたくさんの友達がいても孤独なのです。だからつねに話していないと淋しい。話していても、この人、本当に本心で言っているのかと疑い始めたら、話しても、孤独になってしまいます。命の繋がりがないという、人間にとってこれほどの恐怖はないのです。親子でもそうでしょう。生まれたときに、子どもが言葉を喋らないときはいいけれども、言葉を喋り出して、その子どもと本当に命が繋がっている感じがなくなったときに、子どもは親を疑い始める。親がはじめに子どもを疑い始めるのかも知れないけれども。どっちとも言えないけれども、でも、その疑いの中に命の繋がりが消えてしまっているでしょう。でも、命の繋がりを知ったら、たとえ喧嘩をしようと何をしようと、離れていようと、その繋がりの中に自分というものが生きていることの意味、そして繋がりをもって生きていることによって自分自身が、一人であっても人生を生きられるという力が湧いてくるでしょう。繋がりというのは大事なのです。

命の繋がりを見つけた人は、人との繋がりだけじゃない、先ほど言った、咲く花にも繋がりを見つけることができるのです。鳥の鳴く声にも繋がりを見つけることができます。自分が生きている、自分が立っているこの大地にも繋がりを見つけることができる。その繋がりを見つけたときに、人間が人間になったという。人間というのは、人と人の間にあると書くのは、これは漢字の話です。だけど人間というのは、人と人の間ではなくて、その繋がりを持つものを人間というのです。藤元先生はそういう繋がりを、蓮根がちょうど根っこで繋がるようなものだと言われていました。蓮の花は一つずつ咲いているでしょう。だけど根っこは繋がっています。私たちだって、根っこが繋がっていることによって初めて命を育てることができる。その繋がりのように連帯ではなくて、根帯だと言われた。蓮の花を見たとき、蓮の葉っぱを見たら、こんなの要らないと思うかも知れないけれど、蓮の葉っぱが根を育てるのです。蓮の葉っぱが花を咲かせるのだと、よく言っていらっしゃいました。その根っことして繋がっているもの、連帯するんじゃない、むしろ根っこによって繋がる、根帯するものこそが大切なのです。連帯というのは、僕はいい言葉だと思います。仲間となって一緒に頑張ろうということかも知れないけれども、根帯というのはその繋がりの中で、一人ひとりが自分が人間であることを失わないで力強く生きていける、そういう力を生み出すものでしょう。

蓮根を食べるたびに思い出してください。根っこが繋がっているなと。あまり教えてもらったことは覚えていないのだけれど、蓮根の話は何回も聞いたから、忘れないのです。でも根帯ということは、とても大切なことだと思います。人間になること、人間というのは一体何なのかということが、私たちは長くはっきりとしなかったのです。人間、人間と言っていても、それを、命を繋いでいるものこそが願力と言っている、願力なんです。願いなんです。

ここがまた難しいところです。その願力が一体何なのかというときに、何が繋いでいるのかと。繋がっているはずです、いのちが。いのちの願いがあるのです。命は命と繋がっていることにおいて、お互いに、繋がることによって、いのちの世界を豊かにしたいと。願いなんです。なぜ繋がるかというと、豊かになりたいからです。花が咲くのだって、花が咲いただけだって、花のいのちと世界のいのちが繋がることによって豊かになります。山だってそうでしょう。山は山で美しいですけれども、花がぱーっと咲いたときに山は生きてるんだなと。そういうことが、いのちの世界を豊かにするのです。花が枯れて枯れ草になったときに、その枯れ草自体も決して死んではいません。豊かでしょう。枯れ草になっても、時がきたら、そこから芽吹いていくという豊かさがあるでしょう。山に行って、山の中で木が茂っていることだけが豊かなのではありません。枯れた木があっても、その枯れた木の中に芽が出てくることが豊かさでしょう。こういう豊かさを、いのちの繋がりと言うのです。何でもかんでも、綺麗に咲いているのだけが繋がっているんじゃありません。

藤元先生の話ばかりしますが、藤元先生は、「開きて清浄、散りて清浄」という言葉が好きでした。花は開くときも清らかである。散るときも清らかである。いのちの繋がりはそういうこと、開くこと散ることにおいての清らかさが、その清浄さというもので表現されるものだと言われました。いのちの繋がりというものは何なのかということを、僕は清浄さだと言いたいのです。豊かにするというのは、清らかにすることです。だから、お浄土と言うでしょう。お浄土というのは、清らかな土と書きます。でも清らかさというのは一体、何なのか、花が開くとき、散るときにある清らかさです。それが豊かさなのです。私たちにとって生まれることが開くことだ、死ぬことが散ることだ。その死ぬことがちゃんと死ねる世界の豊かさなのです。生まれることは非常に大事なことです。でも、私たちは生まれるとか死ぬということは清らかなものとして、いのちの豊かさとして受け取ることを忘れてしまった時代に生きているのかも知れません。

これは、決して、今だけの問題ではないと思います。親鸞聖人の時代もそうでした。だからこそ、みんなあの世に逃げて行こうとしていたのです。でも、あの世ではないこの世の中に、そのいのちの豊かさは、いのちというものの繋がりを回復することによって、きちんと、私たちは、受け取ることができるのだと、そういうメッセージを込められたときにその声を聞いて、やっぱりそうなると元気になるでしょう。たとえどんな状況であっても、生きるということにおいて力が出てくるでしょう。願力成就といって力が出てきます。生きるということは、力が溢れたものです。たとえ明日死ぬような命であっても力が溢れている。力は出す必要はないですけど、生きることそのものが力を持っています。そういう力溢れるものとして、その力によって、世界が動き始めたときに、世界が響き始める。お念仏の声があがる。お念仏というのは私たち一人ひとりが声をあげるのではなくて、生きているものが生きているということを表現していること、それをお念仏と言うのです。花だって、花が開いたというお念仏の声がそこに響いているはずなのです。カラスが鳴いたって、カラスの鳴き声に念仏があるのです。それがお念仏だと言うのです。そのお念仏を人間がどうやって表現するかというときに、言葉というものだったり、あるいは自分の、それこそ、ご住職は太鼓の響きだと、太鼓の響きをどうやってきちんとした形で出すかというときに、お念仏というものを練習するのです。南無阿弥陀仏なんて言ったたって、命の響きが出てくるわけではありません。でも、練習することによって、自分の中にある響きを感じるのです。

不思議なことに、そういう練習がやっぱりどこかにあるのです。声のもとにあるのです。ウァーと言ってもいいでしょう。親鸞聖人は、「ああ」と言われます。お念仏を言う前に「ああ」と言われます。「ああ弘誓の強縁は」といって。これを「噫《ああ》」と。「噫」、すなわち口に「意《こころ》」というのは口の意《こころ》です。意《こころ》の口。意《こころ》が言葉になったのです。これは、『教行信証』の「総序」（『聖典』一四九頁）の一番最初のところにありますが、この「噫」の一文字がやっと読めるようになりました。

穢を捨て浄を欣《ねが》い、行に迷い信に惑い、心昏《くら》く識寡《さとりすく》なく、悪重く障《さわり》多きもの、特《こと》に如来の発遣《はっけん》を仰ぎ、必ず最勝の直道《じきどう》に帰して、専らこの行に奉《つか》え、ただこの信を崇《あが》めよ。

そう言われた後に、「ああ、弘誓の強縁、多生にも値《もうあ》いがたく、真実の浄信、億劫にも獲がたし」と言っています。「ああ」と言うのです。このときの「ああ」が、この「噫」という字なのです。これは念仏です。自分自身というものを見つけて、煩悩成就であり、煩悩具足である自分が、願力成就というその願力に触れているところに発する声こそが「噫《ああ》」ということなのです。ため息と言えば、ため息なのかも知れませんが、ため息と言っても、「はぁ〜」というため息とは違うのです。心の底から響いてくる「ああ」という、自分のいのちが叫ぶのです。「ああ」私はここに生きているぞ、と。これが念仏です。この「噫」という言葉に触れるために、その「噫」というものを自覚するために、煩悩成就、あるいは煩悩具足として浄土を求めるという形でしか人間というものに触れることができないものが、南無阿弥陀仏とお浄土を願うということをしながら、今を生きたいと、あるいは願力成就としてお念仏ということによって、そこに、自分の念仏ではなくて、念仏によって一緒に救われようとしてきた親鸞聖人の声を聞くのです。

親鸞聖人は、お浄土に行こうと思って念仏をしたのではないのです。一緒に救われようと、そしてその声が成就したときに「噫」という声になるのです。この文字の中に「意」という字が書いてあるでしょう。こころを表すのにはいろいろな言葉があります。「識」と「意」と「心」と三つあります。英語の得意な人だったら、英語で、「識」というのはmindです、頭で考えること。「意」というのはこれはheart.「心」といったらsoulです。この中のheartです。感情の働くところにあって声が出るところ。だから悲しみでも、深い悲しみにならなくてはいけない。喜びでも深い喜びにならなくてはいけない。泣くのも大事です。悲しい悲しいといって涙も出ないようでは、悲しんでいないのです。悲しいときには悲しい気持ちがなくなって、涙だけになるのです。涙だけになったときには、出てくるところがheartです。頭で悲しい間は泣いてはいるけど、頭が悲しんでいる。でも、本当にheartが悲しむときには、悲しい気持ちがわからなくなるけど、でも、涙は流れ続ける。悲しい気持ちのない、消えたところに流れる清浄の涙です。清らかな涙。そこに、そのところから出てくる声です。「ああ」と言っても、私たちが頭で言っている「ああ〜」というこのため息は、頭から出てくるのです。こころの魂（soul）が叫び出したら、これはもう、「ああ〜」なんて言ってられない。声というものは、大地が割れるような響きのはずです、魂の叫びは。

でも、そうではなくて、深い悲しみの底にあって発せられる言葉が、やっぱり人間というものにはあります。優しくて、人間を強くするものです。魂（soul）が叫び出したら、人間を超えてしまうのです。超人になっているのです。それでは人間は救われない。ここが大事なところです。魂の叫びを聞けとか言いますが、魂の叫びなんか聞いていたら人間ではなくなるのです。新興宗教の人がワーッと言って、人がびっくりして集まってくるのも、魂（soul）が叫ぶからです。まあ、頭（mind）を使うかも知れませんが、それで徹底して世界を変えてしまうのが魂（soul）の叫びです。世界を変えるために、世界を一挙に変えるような方法を持ったらいけないのです。これは、私たちの歴史が教えることです。どんな正しいことでもいっぺんに世界を変えたら、それは人間を失うのです。そうではなくて、この、意、heartによって変わっていかなければならないのです。そうしないと命が傷つけられて、その世界が変わるときに、命も一緒に破壊されてしまいます。これは、私たちが資本主義や社会主義だといろいろ言っている、社会の在り方を変えるということきに、果たして本当にこのheartに届いているような深い悲しみの中からそういうことを成し遂げているのかということを確かめなければいけないのです。政治家という人たちの中には、一挙にこんな形、世界を変えようとする人もいるのです。あるいは頭で考える人もいるのです。でも、深い悲しみのところから発する言葉によって変えていかなければならないのです。政治家だけではないのですが、それは政治家に、そういう声を届けることができなくなった宗教者の役割が、非常に現代においてはなくなってしまったことも一因です。宗教者の声、宗教者がheartで語っているかどうかです。宗教者といっても、学問のあるお坊さんは頭で喋っています。マインドです。それと、天台で千日回峰する人は、魂で叫びます。でも、私たちの宗祖、親鸞聖人は、このこころ、heartで叫んだのです。だからこそ、私たちはその声によって力を獲るのです。千日回峰した人の声を聞いても変わらないでしょう。立派なお坊さんの説教を聞いても変わらないでしょう。そうじゃないのです。人間を変える力は、深い深いこころの底にあるheartの叫びなのです。この「噫」の字、「ああ」というのを大事にしていただきたいと思います。識と意と心という、こういう「こころ」の区別をすることは、また、お寺で少しずつ確かめていかれたらいいでしょう。

ここまでは親鸞聖人の七百五十回忌ということが、単に親鸞聖人が七百五十年前に亡くなられたということではなくて、七百五十年も越えて届いていく親鸞聖人のお声というのは何かということをお話ししてきました。それは単に教えというよりも、親鸞聖人の声によって私たちが人間というものに目覚めて、その人間ということに目覚めることによって、いかに生きていくべきなのか、あるいはその人間ということに立って、この現代を生きていく力を回復することはできるのかということだとお話ししました。そういうものが親鸞聖人の言葉の中で、『教行信証』の「総序」という、『教行信証』の最初のところに、それを書かれるにあたっての親鸞聖人の思いを述べられたところがあります。

ああ（噫）、弘誓の強縁、多生にも値《もうあ》いがたく、真実の浄信、億劫にも獲がたし。

という言葉です。「噫《ああ》」というものが、私の深い悲しみから発せられる、そういう声であるということをお話ししましたが、それが「弘誓の強縁、多生にも値い叵《がた》く、真実の浄信、億劫にも獲叵《がた》し」、というふうに言われました。多生ということと億劫というふうに言われています。これは長い長い年月ですが、多生というのは、私たちが生まれてくるまでにたくさんの命を経て、そしてそこに今の命があるという、そういう私の命というものを繋いできたたくさんの命を表す言葉ですし、億劫というのはその時に流れていく時、その時をもって、たくさんの命と時というものによって、獲がたし、ということです。この「叵（かたい）」という字は、これは漢字の「できる」という可という字をひっくり返すとこういう字になります。これはできないという。「値い叵《がた》く」という値という字は、引き値うということです。弘誓の強縁というふうに書いてありますけれども、弘誓というのは誓いです。引き値うというのは、自分と対等ということでありますけれども、弘誓の強縁というふうに言っているのは、自分という存在、そういう意味では、誓われているのは、それなりに如来の用《はたら》きにふさわしいものとして、人間として立派な存在で値うというのは、この「値う」という字ですけれども、値い叵《がた》しというのは釣り合いがとれないことです。弘誓の強縁というものが、釣り合いがとれないようなものとしてそこにあるということです。でもそれならば、如来の誓いというものは、自分に無関係になってしまいますけれども、ここには、亘という字によって、引き値うというようなものではないということ、だから、誓いというのが、決して人間が考えている約束といったような形の対等なものではなくて、一方的に誓われているのだと言うのです。

親の願いを子どもは受けていますけれども、子どもはその願いに応える必要はないのです。親が願っているから、それに応えなくてはいけないということはありません。でも、親の願いはそういう子どもが応えるというようなことを期待しないからこそ、子どもは本当の願いを知るのです。親がこれだけ大事にしてやって、これだけ子どものために頑張ったんだから、あなたそれに応えてよ、というのは、そういう誓いは誓いにならないのです。それは取り引きだからです。愛情だってそうです。あなた、こんなに大切にしたのだから、私のことを大切にしてよというのは取り引きです。愛情というのは不思議なもので、そのような取り引きにはならないのです。どんなに一生懸命しても、見返りを求めたら、求めた瞬間に、そういう愛情は愛情じゃなくなってしまいます。誓いというのもそうです。如来の誓いというのも同じで、如来が誓ってくれたのだから、何かそれに応えなくてはいけない、頑張らなくちゃいけないというと、誓いとしての用きがなくなるのです。弘誓の強縁、多生にも値いがたしと、それに引き値うような存在であるということを求められていないにもかかわらず、それでも願われているというのです。しかし、自分自身がその願いというものを受け止めたときに、その願いそのものを自分は生きなくてはならないのです。願いに応えるのではなくて、その願いを生きなければならないといけないと思うのです。

親だってそうでしょう。子どもにはこういうふうに生きてほしいというい いろんな願いがあるかも知れませんが、その願いというものを一緒に引き受けて生きるのです。こうなってほしいという、そういう見返りを求める願いではありません。子どもに見返りを求めない願いといったら、あなたらしく生きてくれということだけでしょう。子どもに一番願うのは、何かをしてほしいわけではなくて、あなたが生まれたことを後悔のないように、精一杯生きてくれという願いでしょう。だから多生にも値いがたくと書いてあるのは、願いの質が違うことを言いたいのです。弘誓の強縁、多生にも値いがたしと。人間がどれだけ命を繋いで頑張ってみても、そこに応えていくようなものではない。逆に言うと、多生に値えなかったら、どうしたら値えるか。それは、一生に値うのです。たくさんの命を繋いで、たとえば努力して今ある命がだめになったら、次の命、命を重ねることによって、たとえ自分はだめでもこれからずっと、それこそ、私自身はこんな存在ですけど、この私の命を繋いでいって、その先に人間が素晴らしいものになったときに初めて出会えるかと、そんなことをしても救われないという。そうではなくて、この命、この一生の間に出会わなければ、救われないということでしょう。多生にも値いがたし、こういう言葉を見たときに、ただ単に言葉だけを追っていると、決して値えない、それほどの有り難いだけの話になってしまうけれども、そうではありません。ここで言っている弘誓の強縁というのは、この命を繋いでいって出会うものではないということです。今、この私の命として与えられたこの命において、この現在の命において、決して引き値うようなものではない。その願いに応えられるようなものではない。願いそのものを受け止めるしかない。そのようにはたらくものが、この弘誓の強縁と、強縁と書いてある強い縁です。

強い縁というのは、こちらは求めていないのであって、私が逃げようとしても逃げられない、願いに捕まえられてしまっている、親の願いというものはそういうものでしょう。子どもにそういう形であなたらしく生きてほしいと、あなたはあなたの人生を生きなさいということを本当に願ったとき、その子どもは、その願いから逃げることはできないのです。自暴自棄になれない。自分の人生だから、勝手にしたらいいとは思えないのです。自分の人生だけど、そういう願いをしっかりと受け止めなければならない。自分の人生が自分の人生でなくなるということを、多生にも値い叵《がた》くと言っているのです。そして、真実の浄信、億劫にも獲叵《がた》しとつづけられます。億劫というのは長い長い時だけれども、長い長い時の果てに、自分のこの一生の果てにということです。億劫にも獲叵《がた》しということは、これから先ずっと頑張っていたら、いつか自分に獲られるというようなものでもないということです。億劫というのは流れていく時のことを言うのです。流れていく時で獲られないのは、流れている時間の中にないということです。時間の中にないということは、今この瞬間でなければ真実の浄信は獲ることはできないということです。ただこの時に、「ああ（噫）」と言っているけれど、その時に見つけたのは、私が今、生きているということ、そして生きているということは、今この瞬間に生きているんだという、そういう時間を、これを見つけたことを表しているのです。

ですからここに、「ああ」と言っているのです。ああ（噫）、と言っているのは、単にこころの深い悲しみから出てきたということだけではなくて、そこに生きているということが今、私がこの人生を、そしてこの人生、この瞬間に生きているんだということです。そういう生きていることに目覚めた人の声が、「ああ（噫）」なのです。お念仏というのはそういうことです。南無阿弥陀と言うけれども、本当に今、自分が生きているという感覚を取り戻したとき、初めてお念仏の声となって、自分自身の中から聞こえてくるのです。私は生きているのだと実感できるのです。

そこに親鸞聖人が念仏という形で伝えようとしたものが、声を通して、親鸞聖人が「噫《ああ》」と上げた声が、私自身の悲しみの底に届いて、その届いた声が私自身の声となって響いたときに、自分自身が生きていることに目覚める。そうでなければ、生きていることに目覚めたとは言わないのです。そういうときに、これも願いというふうに言いましたが、億劫にも獲叵しといわれるものを真実の浄信と書いてあります。これは難しいですね。親鸞聖人は、この真実をあきらかにするために、「顕浄土真実教行証文類」といって、浄土真実ということを、真実とは何かということを徹底して問うたのです。私たちには真実なんていうのは現代の普通の言葉だと思うけれども、親鸞聖人にとって、真実とは何かということが、生涯の課題でした。そしてその真実の浄信といって、真実だけではないのです。真実は浄信、浄らかな信だと言われました。真実というと、正しいことであるとか、そんなふうに思うでしょう。それを浄信だと言っています。浄らかなものが真実だ。きよらかといっても、清浄という言葉があるでしょう。清らかな浄らかさです。それに対して、澄み切ったきよらかさという場合は澄浄と表します。清浄というのは何かということですが、これは汚れないということです。澄浄は澄み切ったほう、清浄は汚れない、汚れに染まらないものをいいます。

汚れというのは煩悩のことですが、煩悩成就と言ったときに、煩悩があるから人間なんだと、先ほど言いました。さらに煩悩具足ということで、人生というものから離れて生きるのではなく、人生を生きるということが起こるのです。だけど、いくら人生を生きても、煩悩しかない人生なら生きていてもしようがありません。煩悩の中に生きていても、煩悩にあっても煩悩に染まらないもの、それがあるから生きられるのです。それがなかったら、いくら煩悩が現実という形で自分の人生を与えてくれる、煩悩によって人間を回復するといっても、どうにもなりません。煩悩があっても、煩悩に染まらないものがあるからです。それはここに真実の浄信、億劫にも獲叵《がた》し、と書いてありますが、億劫というその時間というものを超えたものとして、いつでも今だということです。いつになっても「今」という感覚です。今、今と言っても、さっき言った今は、もう昔になっています。

今というのは、どこまでもずっと今なんです。その今によって与えられるものは、煩悩といったものとは違ったものです。煩悩というのは、ずっと流れていくものです。煩悩といってもすぐ生まれてくるものじゃないのです。煩悩というのは、育つのに時間がいります。子どものときからずっといろんな繋がりの中で、たとえば、何かをして人に褒めてもらったことによって、褒めてもらうことが目的となって名利の太山につながります。人に大事にされた思いが、人に愛されることの喜びを知ってしまうと、愛されたいという煩悩になるのです。愛されたことがない人、大切にされたことのない人は、ある意味で、煩悩なんかないのです。愛することも愛されたことも、大切にされたこともなければ、人間として何の苦しみもないわけです。愛された記憶があるから、愛されることを求めるのです。愛されるというのは、感情として愛されるのではない。前に、自分の命が繋がっているると言いましたが、必ず、他の命とのつながりの中に生きているということを知っているから、それを愛されると感じるのです。そうでしょう、繋がっているのです。

そういう意味では、愛されることを経験したことがない人はいないから、みんな愛情に飢えているのです。さまざまな原因で家族の愛をあまり知らないで育つ子どもがいます。では、その子どもたちは愛情に飢えているかといったら、愛情に飢えているということさえわからなくなるのです。人間というのは不思議なもので、愛情というのはいのちの記憶としてあるかも知れないけれど、ずっと愛情を失っていると、愛情を求める気持ちさえなくなるのです。貧乏だとずっとお金もほしくなくなるでしょう。それと一緒です。ちょっと小金を持っているからもっとお金がほしくなる。全然なかったら、お金なんかほしいという気持ちさえなくなりますよ。今日さえ食べられたらいいなと思ってしまいます。ちょっと貯まるからアカンのです。まあ、お金はいいです、無くてもいいから。そういう辛い境遇で育った子は、本当に愛情を求めなくなります。わがままも言わなくなります。愛情を求めることさえしなくなるのです。だけど、その子が大事にされると、自分が愛情を求めてきたことを思い出します。子どもは急に甘え始めます。わがままになります。わがままな子どもは決して悪い子ではないのです。愛情を思い出しているというわがままなのです。

しかし、愛情を与えられすぎた人間は、もっともっと愛情がほしくなります。そのときに、愛されたことによって、自分が愛されたいというそういう煩悩が起こってくるのです。煩悩は、多生と、あるいは億劫と、長い長い時間をかけて作られていて、人間は生まれたときから、人と人の間に生まれ、一人ぼっちでは生まれていないから、たとえ自分が愛されていなくても他の子どもたちが愛されていると、命というのは愛されるということを知ってしまうのです。その愛されることを知ったときに、煩悩というものがあらわれていくのです。煩悩も決して悪いことでもないというのはそのことです。そのことによって、人間というものがどんなものであるか、わがままがないようでは人間とは言わないのです。わがままなだけではだめですが、ただ、愛された記憶こそが人間を支えているということです。しかしそれだけでは、愛情を求めて、愛情に苦しみ、愛情の中で傷つくしかありません。人間としてせっかく生まれながら、人間として本当にそれでいいのかというときに、それはあまりにも、悲惨な人生しか残されないでしょう。それを地獄・餓鬼・畜生と言います。欲の中でお金を求め、愛情の中で愛を求めて、そうやって人を傷つけていくしかないもののことです。

地獄・餓鬼・畜生の中にあって、苦しむだけでは人間どうにもならないから、煩悩、さらに愛情さえ捨てようと思うのです。苦しくなったら、愛されることさえも拒絶するでしょう。子どもだってそうです。大事に育てていたら、その愛情が苦しくて、家出をする。苦しいものです、煩悩は。煩悩の中でしか見つからないものもありますが、煩悩ばかりだと苦しい。だからそこに本当の意味で、煩悩というものとともにあっても煩悩に染まらないで、煩悩があっても、あるいは煩悩があるからこそ、人間を煩悩から守るのです。煩悩がなければ人間にならないけれども、煩悩しかなければ人間でなくなるのです。そういうものを、煩悩に染まらない、清浄心、清らかな心と言うのです。清浄心は、親鸞聖人はここでは、浄心と書かれています。それをまた、清浄願往生心とも言われています。

清浄という人間の中で煩悩に染まらないものは願いだと言われます。願いと言っても、私たちがお願いする願いではありません。「願」というのは願往生心で、往生を願うということです。往生というのは、お浄土に行くこととは違います。浄土というのは、往生を願うときに、その往生ということをわかりやすくするために、浄土を示したのです。願往生心のほうが、浄土へ行きたいというより先です。往生というのは、往《ゆ》きて生まれると書く通り、命を生きていきながら、本当の意味で生まれ変わりたいということです。自分というのはこうやって生きているけど、本当の自分に生まれ変わりたいという気持ちが、ずっとその煩悩の中にあります。人間と言っても、人間は単に人間ではありません。いつも生まれ変わっているから人間なのです。生まれ変わらないものは人間とは言わないのです。それは動物としてのヒトです。毎日毎日、私たちは生まれ変わらなければならないのです。そのときに生まれ変わることを、願往生心と言うのです。往は行くという意味ですから、今、ここに立っている所から、もう一つ違う所へ行く。そういう意味では、ここの世界から逃げ出したいのです、みんな。逃げるというのは、ただ逃げるだけじゃなくて、今生きている関係が本当のものじゃないから、新しい関係を生き直したいのです。親子でもそうでしょう。生まれたときはよかったけど、子どもだって大きくなっていきます。生まれた赤ちゃんのまま一生育つわけにはいきません。毎日毎日、親子の関係は作り変えられなければいけません。子どもだって生き直したい、親だって生き直したいのです。それがなかったら、人間になれないのです。夫婦だってそうでしょう。結婚したときはいいけれど、一生結婚したときのままだったらどうかなと思います。結婚して、夫婦の関係がどんどん変わっていくから、一緒にいることの意味があるのでしょう。それが変わらなかったら、どちらかが家出するのです（笑）。旦那が家出をするか、奥さんが家出をするか、どちらかです。あるいは我慢して二人とも石のように生きていくか。ほとんど何も喋らないと、顔を見ることもないほうがいいと言います。なるべく顔を見ないで過ごしたいなと思ってしまうものです。

けれどもそのときに、新しい関係を生きていくことによって、生きることが毎日変わるということが起こるのがわかります。それが願往生心です。人間は不思議なもので、昨日と今日で違わなければなりません。毎日毎日少しでも、変わらなくてはいけません。一歩でも半歩でも進まなければなりません。そうでないと人間でなくなるのです。同じままだと腐ってしまいます。これはよくあることです。昨日の自分と今日の自分とを比べて、一つでも進まなければならないのです。一歩が無理なら、半歩でも進まなければいけません。少なくとも進もうとしないと、人間は腐ってしまいます。そういう意味では、人間は生きているだけでは人間としてのいのちを失うことだと教えるのは、生きている心、清浄願往生心です。それを教えるのが、有名な二河白道です。

二河白道というのは、善導が観無量寿経の教えを一つの譬えで言われたことです。東の岸から西の岸に向かって、人生とはそこを歩くようなものだ。西の方が浄土で東の方が穢土、そのときに渡ろうと思っても、そこに大きな河が流れていて渡ることができない。こっちは水の河、北から南に流れている。南から北に流れているのが火の河。水と火の河が、せめぎ合っている。あり得ないかも知れないと思いますが、河も不思議なもので、底がないとどんどん流れ落ちていくのです。両方、火も水もどんどん流れてきて、ぶつかって底に落ちていく、奈落に。ここを通っていくのが人生だというのです。水は貪愛、火は瞋憎。貪愛と瞋憎、煩悩を代表するものはこの二つであるということです。親鸞聖人は「愛欲の広海に沈没《ちんもつ》し、名利の太山《たいせん》に迷惑して」と、愛欲というもの、名声と愛情とが煩悩の根本だということを親鸞聖人は言ったのです。先ほども言ったように、年をとったら欲がなくなるといいますが、食欲だって何だってなくなるのです。最後、寝るという欲もなくなっていきます。ボーッとしているとき、寝ていないでしょう、年をとったらよくわかります。しょっちゅうボーッとしていて、ウツラウツラしているけど眠らないのです。若い人を見たら羨ましいでしょう、十二時間でも十五時間でも平気で、ひょっとしたら一日中寝られるのではないかと思ってしまいます。でも、年をとったら、そんなに寝られないのです。

年をとると寝ることもできなくなるのです。昔は十二時間寝られていたのに、それが年をとると、五、六時間寝たら、すぐに目が覚めてしまいます。眠いのに、かなわんなぁと、仕方ないから夜四、五時間寝て、昼間はボーッと二、三時間くらい寝て、いつ寝ているか起きているかわからないような人生になってしまいます。よく寝られるのは若いということです。そうやって食欲や睡眠欲も、何もかもなくなるのです。そのときに親鸞聖人は、愛欲の広海と名利の太山というのは消えないと言いました。生きているというのはそういうことかも知れません。年をとっても、誰かに愛されたい、誰かに褒められたいという思いが残るのです。

褒められても嬉しくないと思っているけど、でもやっぱり嬉しいのです。だから、しょうがないから人が褒めなかったら自分で褒めているような本を書いたり、いろいろします。一所懸命生きているからちゃんと誇りたいのはわかるのですが、でもそれは人間の最後の煩悩です。だけど、善導は貪愛と瞋憎と言いますから、もっと善導のほうが生々しい人生を生きていたのでしょう。愛と怒りと。人間関係に苦しんだのです。しかし根本にあるものを見つけたときに、怒りよりももっと深いものがあるということです。親鸞聖人のほうが長生きしてそういうものに出会ったから、こういうことを言ったのでしょう。二河の譬えでは貪愛と瞋憎、これが水と火のようにして、明日を生きようとするものを奪うのです。

先ほど、煩悩がなければ人間でないと言いました。煩悩というものによって、この煩悩の中にあって自分が生きていることの自覚があるけれども、その生きていることが単に生きているのではなくて、今日から明日へ、明日からそのまた明日へというふうに、毎日一歩でも進んでいくためには、この水と火を越えていかなければ、人生になりません。このときに、これに染まらないものが清浄願往生心として、ここに一本の道が現れてくるというのです。これが白道です。先に白道があるのとは違うのです。白道が生まれてくるのです、水と火がぶつかる所に。どういうことかと言えば、煩悩で怒ってばかりいたらダメなのです。怒ってばかりいたら何も生まれてこない。かといって貪愛ばかり、愛情ばかりでもだめです。愛と怒りとがぶつかるところにしか白道はありません。愛情のない怒りだけなら世の中は壊れてしまいます。愛情しかなかったら、世の中、そのままでは変わることはできません。世の中には怒りも必要だけれども、愛も必要なのです。愛は地球を救うとテレビが言っていますが、愛が地球を救うだけでは救われないでしょう。あれは怒りがないからです。哀れみだけでは世界は変わりません。愛とともに怒りがあって、そこに生まれてくるものが白道です。怒っているだけならどうにもなりません。そこには深い愛がないといけないのです。でも、愛と怒りがぶつかるところに白道が自然と生まれてくるというのが、この比喩の一番大事なところです。最初から道があって、それを歩けばいいというのではないのです。ぶつかっているところに道が生まれてきているのです。不思議な話です。これは、私たちの人生を見たとき、そういう意味では、煩悩具足の凡夫人といって、善導という人は煩悩は具足すると言うのです。先ほど言ったように、具足というのは、きちんとちゃんと持っているということです。瞋憎と貪愛、両方きちんと持つということが煩悩具足の凡夫人の意味です。片方しか持たないと具足していないのです。愛情ばかりというのは何もならないのです。怒りなき愛情なんてないのです。怒ってばかりでも困ります。ここでは貪愛と瞋憎です。こういうことを具足しているときに、それを初めて煩悩具足ということで、そこの白道が見えてくるのです。白道が浮かび上がってくるのです。

怒りのないような愛情からは、白道が生まれてこないのです。この二つがせめぎ合うところに、人間が求める道が出てきます。それは愛と怒りでないこともあります。恨みのこともあるし、悲しみのこともあるし、喜びのこともあります。でも、それがせめぎ合わなければだめ。楽しいことも苦しいこともあります。いろんな人生、いろんなことがあって良かったなというのでは、道は出てきません。ぶつかり合わなければ。ぶつかり合うところに、この白道という清浄願往生心が、煩悩に染まらないものが生まれてくるのです。これが清浄願往生心という浄です。それが浄信ということです。だから、億劫にも獲がたし、と言うのです。時間をかけることでは決して出てきません。むしろ時間を超えなければならないのです。生きているということが時間というものの中にあるのではなく、時間を超えたものにあるのです。

この信について『教行信証』では「信の巻」に、「信の一念はこれ信楽開発の時剋の極促を顕す」と言われます。信楽が開かれてくる時です。成唯識論では信を三つの作用で押さえます。一つは信忍。信忍は実有を信忍する。私が間違いなくここにあるということです。あるいは私が生きている世界というのがここにある。朝、目が覚めた時、私はここに生きているなというのが実有を信忍するということです。病気になってみたらわかりますが、たとえば精神が病んだり、気持ちが沈んだりすると、朝起きていても、私が生きているという感じがなくなるのです。目が覚めて、ここはどこだろうと思います。家の中にいて、見知った顔があって、自分が知っている場所なのに、ここはどこだろうと思うのです、自分が生きているということがわからなくなると。でも、それがちゃんとわかるということを信忍と言います。その次にあるのが、信楽です。信楽の楽は、生きることが楽しいということと同時に、生きたいと、生きようという気持ちです。朝起きて、「素晴らしい朝が来た」という歌があるでしょう、まさに素晴らしい朝が来たと思えることが信楽なのです。

病気になったら朝が来ても素晴らしくないでしょう。ああ、また来てしまったと。今日一日、どうしようと思うでしょう。朝起きて、今日もいい朝が来たなと思えるのは、精神が健康な証拠です。病気になっても一番大事なのは、朝、起きたときに、朝が来てよかったというような病気の仕方をすることです。どんな病気だろうが、朝が来てよかったと思えるような、そういう生き方をしたいものです。次に楽欲です。信楽から楽欲する心が起こるのです。素晴らしい朝だというよろこびからは、今日も一日生きようという気持ちが起こるでしょう。今日何を食べようと思うのも大事ですね。朝起きて、生きているから何を食べようと思うのであって、生きていなかったら何も食べようと思わないでしょう。朝起きて、今日何食べようと言ったら、「さあ?」って言われたらかなわないでしょう。今晩何作ろうかと言っても、「さあ?」と言うようになったら終わりです。あれが食べたい、これが食べたい、子どもだといろいろと言うでしょう、今日は何が食べたいと。それが生きているということなのです。これがなくなったら、生きていないのと同じです。

信忍、信楽、楽欲《ぎょうよく》、この三つを信と言います。その中でも、信楽というものが、一番の中心です。朝起きて、素晴らしい朝をむかえたというのが、この中心です。例えば、鬱病とかで苦しんだ人もいらっしゃるかも知れませんが、鬱病になってみると、よくわかります。朝が辛い。そして夜も辛い。次の日が来ると思うからです。朝辛いのに、目が覚めて、何とか一日終わって、やっと終わったと思ったら、また明日がくる。このような鬱をどうやって治したらいいのか、もしかしたらこういう信忍、信楽、楽欲という形で生きていることの実感というものを、もう少しちゃんとつかまえることができたら、鬱に苦しむ人も、もしかしたらそれで治るのではないかなと思うのです。

そういう意味で、信楽開発の時剋の極促ということは、毎日毎日開かれてくるものです。しかし、そのようなことは、みんな子どもの時にはあったのです。子どもは、朝起きたら、喜びの中に生まれてくるのです。おはようって言って。最近は子どもはおはようって言わないでしょう、あまり嬉しくないから。起きてきたらやらなければならないことがいっぱい詰まっているから、何も嬉しいことはないのです。今日はあれとこれとしなければならない、だから起きても何も嬉しくない、それで夜だけしか元気がないのです。夜だけでも元気なのは少しましなほうで、夜も元気がなくなると本当に大変です。

こういうことがあるのは子どもの時だと言いますが、その感覚が消えてしまうのかといったら、そうじゃありません。信楽開発の時刻の極促といって、私たちはそれをもう一度、取り返すことができるのです。でも、それは信の一念として、そこに、そういうことに目覚めることによって、できる。いつもいつも目覚める必要はないのだけど、ああ生きている、ということを一度感覚したら、そのことが思い出されるのです。逆に言うと、生まれたときに生きている感覚があったはずだから、それを思い出すことができるかどうかということです。それを信の一念と言うのです。

それを思い出すためにはどうしたらいいのでしょうか。思い出すためには思い出す努力をしないといけません。子どもの頃を思い出すことです。もっと言えば、子どもの頃よりも、自分の命が、自分の命の記憶を思い出すのです。煩悩成就と言いました。煩悩が成就、煩悩が成就されている。これは、人間としての自分の苦しみのもとを煩悩成就という形で、記憶を辿ることなのです。だから愛情を求めて、愛情を与えられた記憶があるから、それをたずねていくのです。自分の中に愛情をもらった記憶がある。誰がくれたかは知らなくても。だから自分は愛情を求めるのです。豊かさを求めるのです、命は。豊かな命の経験があるからです。それは何かと言えば、自分の経験ではない、命の持っている経験なのです。命を持つことの豊かさ、だから子どもはどんな命に対しても豊かさを感じるのです。動物に対しても、草花に対しても、その豊かさを知ることによって、煩悩成就ということがあります。命の記憶を辿るというのは非常に大切なことなのです。ずっとたずねていくと、何か自分の命が持っている暖かさに触れるのです。命は暖かいものなのです。だけどそれは、自分の命をたずねるといっても、自分の命をたずねるだけでは、出会いにくいのです。それは命の記憶ですから、他の命に出会うことです。子どもが精神的にしんどくなると、ペットを飼いたがります。犬がほしいとか何とか言うのですが、その犬の命の暖かさに触れて自分の命の暖かさを思い出すのです。犬がほしいと言ったら、飼ってやってください。そして、子どもがかわいがった犬の暖かさに触れて、お母さんが命の暖かさを思い出すのです、世話をしながら。あるいは、年をとってくると犬や猫には付き合いが大変だから、庭いじりをされる人もいるでしょう。それも、命の暖かさに触れるためなのです。だから、心がしんどくなったり、精神が病んだりすると、よく土いじりをしなさいとお医者さんが言うでしょう。それは命の暖かさに触れるためです。命の暖かさというのは、生きているものが持っている力をあらわすのです。草だって、野菜だって、花だって、植えたら芽が出てきます。命の力に触れたときに、その命の暖かさを知るのです。動物だってそうです。動きまわらなくても、その命が生きていて、今日も生きているということの暖かさを知るわけです。そういう意味では、この信楽というのは、命の暖かさに触れるということなのです。暖かさに触れると、自分が生きていることはそこからもう一回、記憶の中に蘇ってくるでしょう。自分の命の暖かさも知るのです。これは大事なことなのです。

大人はペットと言いますが、子どもにとってはペットではありません。いのちそのものの記憶を共有する友達なのです。そういう意味では大人も、いのちの友達が必要なわけです。ですから大人でも、ペットでも草花でもいいのですが、大人というのは、子どものように素直でないから、そこに本当に感じていくものを邪魔するものがあるのです。邪魔してしまうのです、経験が。所詮、ペットじゃないかと、自分の命の暖かさを忘れてしまうのです。しんどい思いをしているから、苦労してきたから、そんなものでホッコリしたら、それでは生きていけない、生活できないと思っています。大人というのは、ある意味では煩悩というものを経験することによって、煩悩の中から、白道というものが生まれてきにくくなってしまっています。そのときに、大人はどうしたらいいのでしょうか。白道を思い出さなくてはいけません。白道を思い出すためにはどうしたらいいか。見ていてもだめです。見ていたら、水だったら足をさらわれて落ちてしまいます。火だったら、足が焼かれて歩けなくなってしまいます。水と火なんかどれだけ見ても、見ただけではどうにもならないのが大人なのです。そのときに、その道を道にするためにどうしたらいいかというと、見つけた道に立たないといけないのです。見つけた道の上に立って歩き出さないと、道が道にならないのです。見えて、ああ道だなと思ってもだめなのです。どんなに自分は歩けないと思っても、見えた道に立って歩き出さないと道は道にならないのです。大人は信楽開発の時剋の極促と言っているとき、これは単に、忘れた暖かい命に出会ったというのではいけないのです。自らが決意してその道を歩いたときに出てくる心なのです。人生を生きようと思わなかったら、そんなもの出てこないのです。

この道が見つかったときに、ああ、これこそが自分の生きる道だと思うでしょう。しかし、そこに行ったら恐くて、どうしても踏み出せないのです。そのことを善導という人はこう言うのです。

なにによりてか行くべき。今日さだめて死せんこと疑はず。

さらに、

まさしく到り回らんと欲へば、群賊・悪獣、漸々に来り逼む。まさしく南北に避り走らんとすれば、悪獣・毒虫、競ひ来りてわれに向かふ。まさしく西に向かひて道を尋ねて去かんとすれば、またおそらくはこの水火の二河に堕せんことを

煩悩というもので、自分が自分らしい、人間を失っていると。人生を生きるといっても、悪獣・毒虫と書いてありますが、それこそ、人間の心を捨てて生きるしかなくなったと。人間性に目覚めて生きていこうと思ったら、ここにいってしまうと、堕ちてしまう、水火の二河に。「時にあたりて惶怖することまたいふべからず」。もう、恐れてどうしようもなくなって、惶怖といったら、恐れおののくことですよ。

「またいふべからず。すなはちみづから思念すらくわれいま回らばまた死せん、住まらばまた死せん、去かばまた死せん。一種として死を勉れざれば、われ寧くこの道を尋ねて前に向かひて去かん」。

じっとしていてもだめ、進んでも死ぬ、退いてもだめ、そのときに、「われ寧くこの道を尋ねて前に向かひて去かん」と言うのです。西の岸を目指していたけれども、足下にあ

るこの道をもう一歩、前に向かって進まなければいけないと。

今までは西の岸に向かっていた。助かりたいから。しかし、今はもう助かるのではない。人間に目覚めた、人間として誇りをもって、一歩前に進もうと。前に向かおうと。まさに前に向かって前進する。一歩踏み出す。すでにこの道あり、かならず度すべしと。一歩踏み出したときに、道が道となる。歩かない道はどんなに立派に舗装をしてあっても、何もなりません。自分が歩いたときに、その道は道になる。道になるというのはどういうことかといったら、自分が一歩踏み出したことで、その道が、自分が救われるところと繋がっていることを知ることです。いくら道があっても、この道に立たなければ、向こうにはいくら道が繫がっていても、関係ない世界です。一歩踏み出したからこそ、その道が自分をそこに繫いでくれるのです。その繫がるということによって、自分が今生きていることがその世界に繫がって、そこで、人間としての命を失いかけている命が回復するのです。

二河譬二河譬と言いますが、根本はここなんです。この白い道を歩くということではなくて、白い道に立って、回らばまた死せん、住まらばまた死せん、去かばまた死せん。そこで止まっても後戻りしても、死んでしまうというところに立ったとき、それでも道を信じて一歩、歩き出すことによって、人間は救われるんだと。私たちの念仏というものはそういうものなのです。今、生きているところから一歩踏み出すための念仏なのです。人生において、何かをするのではない。生き始めること、もっと言ったら、この道に、しっかりと立つこと。この道に立つことによって人生が生まれ変わる。親鸞聖人はこのことを、先ほどの『教行信証』の「総序」(『聖典』一四九頁)というところに、こんな言葉で言っています。

穢を捨て浄を欣《ねが》い、行に迷い信に惑い、心昏《くら》く識寡《さとりすく》なく、悪重く障《さわり》多きもの、

私たちのことです。一人ぼっちで不安でどうしようもなくて、でも、それでも、今生きていることを、今このような生活だけでは人間ではないということに苦しみ始めたものは、

特《こと》に如来の発遣《はっけん》を仰ぎ、必ず最勝の直道《じきどう》に帰して、専らこの行に奉《つか》え、ただこの信を崇《あが》めよ。

特《こと》に如来の発遣を仰ぎ、と書いてあります。如来の発遣を仰ぐというのは、それは何かというと、この道は私だけじゃなくて、必ず通った人がいる。この道を通って、お釈迦さまはお釈迦さまになっていった。この道を通った人たちがそこに居ることを、この道は示しているじゃないかと。どんなに苦しくても、それはわかるんだ。この道が間違いないと。だって、自分の人生で見つけた道だから。そしてそれは同じように、人間の苦しみを通して知った道だから。個人の苦しみで知った道なら、自分だけの道だけど、私の苦しみは人間の苦しみだ。お釈迦さまが煩悩だと言ったのは、人間の苦しみを知ったのです。自分の煩悩ではないですよ。自分の煩悩はさっき言ったように、年をとったらなくなってい く。だけど人間の煩悩は年をとっても消えない。あるいはどんな生活をしていても、どんな暮らしをしていても消えない。その人間の煩悩において見つけた道を歩いていった人たちが、その道の向こうに見えたのです。

人間というのは不思議なもので、経験してなくてもそれはわかるのです。立派な人を見たら、立派だとわかるでしょう。でも、お釈迦さまが悟りを得たとき、お釈迦さまは背も高くなって、手足も長くなったという。見た目が変わった。立派な人の姿というのはそんなものなのです。最近、光り輝く人がいなくなったから、ライトを点けて光らせていま す。スターなんていうのは、舞台で光り輝いているでしょう。あれは光らせているんです。あるいはそんな中で、歌を歌ったり、そこにそういうものを見るわけでしょう。だけど立派な人っていうのは光があるのです。僕が真宗に出会って僧となったのは、真宗の中に立派な人を見つけたからです。何が違うのかわからないけど、見たときにわかるものです。圧倒される。生き方にね。それは別に、衣を着ている人だけじゃないですよ。衣を着ていない人もそう。人間として本当に圧倒されるような存在です。不思議ですよね。別に力があるわけでもないし、何か世間的に、名声があるわけではなくても、念仏者と言われる人の中に、そういう存在を生きている人がいて、その人の前に出ていったら、少なくとも自分が人間であることを思い出す。世間の中にいると、人間であることを忘れてしまうような人ばかりでしょう。でも、念仏者の前に立った自分は人間であったことを思い出す。人間の記憶というのは不思議だなと思う。だからそういうときに人間の記憶というものが、自分の記憶よりも先にそういうものを知っているのです、立派な人というのを。だから釈尊が悟りを得たときに、ああ、ゴータマ、と呼んだら、私はもう悟りを得た仏だと。私のことをゴータマと呼ぶなと言ったのは、そんなふうにしか見えないのかということですよね。そのときに仏をあらかじめ知っていたからこそ、それは仏としてわかるのです。だから仏教を学ぶのです。お釈迦さまという存在を頼りにしながら、確かにそういうものがあると、それを知ってるんだと。だからそこに、如来の発遣を仰ぎというけれども、道を渡った人を知るのです。単にえらい人だったら、ノーベル賞をとった人はえらいなと思って、すごい研究したんだなと、ふうんと言って終わりでしょう。

でも、本当にその人間としての道をきちんと歩いた人を見たら、たたずまいを直して、自分もきちんと生きようとするような、そういう意欲を生む人がいるでしょう。少なくとも真宗はそういう人たちを大事にしてきました。そういう人たちを、人間として、大切にしようとしてきたのです。それを念仏者と呼んできたのです。念仏者は、無碍の一道なりと言っていますが、少なくとも親鸞という方はそういう方であったというふうに、私たちは受け止めています。それは残された言葉の中に、人間として生きた人として、親鸞の言葉は響いてくるからです。親鸞は、自分につけられていた名前を言わないでしょう。覚如が、親鸞という人の昔の話をいろいろ確かめて書かれているけれども、範宴《はんねん》という名前だったと、そんなことを書いていますが、範宴という名前を親鸞聖人は一言も書いていません。善信という名前だって、どのような名前かはわからない。でも親鸞という名は、夢のお告げによってつけたのです。親鸞聖人は、自分が人間として生きなければならないときに、自覚して名前を名告ったのです。親鸞という名前は人間としての名告りであって、個人につけられたのではないのです。だから親鸞というふうに書いていますが、世俗の関係の中ではっきりとどこの誰かわからないのです。昔、親鸞なんて歴史的にはいないんじゃないかと、作り事じゃないかと言われたことがあるんです。そういう意味では、人間そのものにつけた名前だから、特徴がない。親鸞聖人の姿を描いた肖像画が残っています。だからこういう人かなと思うだけです。だけど、私たちは言葉の中に、親鸞という人は人間そのものを生きた人、人間として名告った人だということを知ることができるのです。

そのときに、人間として、この道を通った人であるし、その通った人の道がここにあるとき、「必ず、最勝の直道に帰して」と、最勝の直道と書いてある。最も勝れたまっすぐな道です、直道とは。最勝の道はくねくね曲がっているのとは違う。まっすぐ、どんな人生であっても、まっすぐ一歩ずつ進むのが人生の道です。それは、軌跡的には曲がりくねったり後戻りしているかも知れない。たとえ後戻りしているように見えても、まっすぐ前へ向かっていないと、人生は道とは言わないのです。そのときに、最勝の直道に帰して、もっぱらこの行に奉へ、ただこの信を崇めよ、と言う。道というものがいかに大切なものであるか。先ほど、念仏者は無碍の一道と言いました。直道は一道なのです。一道という限りはみんな一つ、それぞれの道は同じ道だ。人間の道だから。やっぱり二河白道で言っている貪愛と瞋憎の中に現れた道を、一歩一歩生きるということしかない。その中にしかない。回り道して、楽な道もなければ、その道を飛び越えていくこともできない。その道を歩く以外にないというのが一道ということです。そういうことを、自分の人生の中で確かめた人、そのことで人間を回復した人間を生きる人になる。人間になる。だから、煩悩成就というより、煩悩具足といったら、煩悩ということだけじゃなくて、煩悩の中に、煩悩によって、穢されない、煩悩の中に生まれてきた、煩悩の河を越えていく道を見つける人を、煩悩具足と言うのです。この二つの言葉はよく似ていますが、親鸞聖人は少し違う使い方をするのです、善導の煩悩具足と曇鸞の煩悩成就と。でも、その煩悩ということは決して、煩悩まみれの凡夫ということではなくて、煩悩成就、煩悩具足の凡夫として、人間としての願いをしっかりと持って、人間として生まれ変わったものを言うのです。

真宗の凡夫というのは、人間の精神を取り戻した、そういう意味では人間として生きる覚悟と力を持った人のことを言うのです。だから念仏者は、私たちに生きることのたたずまいを直《ただ》させるのです。生きることは何かと。少なくとも、歩くことができなければ立ち上がれと。歩くのはなかなか難しいのかも知れない。でも立ち上がらなければならない、道の上に。立ち上がって半歩でもいいから、歩こうとしなければならない。そのことによって道が道となり、その道というものを本当の道にすることによって、またその後に、その道を見つけた人がそれを生きていく力になる。仏は渡り切った人ですが、渡り切れなかった人の力もまた、私たちを励ますのです。渡り切って成功したんじゃない。途中で終わったとしても、渡ろうとした人が道を道にしたのです。さらに、渡ろうとした途中で倒れたと思っても、それが向こう岸に着いたことだと親鸞聖人は言ったのです。この道というのは一生の長さであって、一生を生き切ったことによって、渡り切れるんだと。

それは、死ぬということの救いです。どんな人生を生きても、死ぬことによって救われる。でもそれは生きたことによって救われるのであって、生きなかったことによっては救われないのです。間違えてはいけません。本人はいい加減に生きたつもりでも、やっぱり命を一生懸命生きた。だから、ある意味で、どうにもならない人生を生きていても、その人の人生があとで見たら、やっぱりちゃんと生きていたなと後の人に伝えます。死んだ人の尊さです。そういうことはあります。いい加減な生き方をしているように見えても、その人の人生をもうひとつ振り返ってみたら、その人自身がどんな苦悩の中に生きたのか、その人が亡くなってみたら、その人の苦しみの中に人間を求め続けてきた願いが見えてくるのです。文類偈の中には、不思議な言葉がちょこちょこあるのです。『念仏正信偈』というのは、『文類聚鈔』（『聖典』四一一頁）の中に書かれた『教行信証』の中の『正信偈』

と非常によく似た偈《うた》ですけれども、文類偈の中に、ある言葉があります。

必ず無上浄信の暁に至れば、三有《さんぬ》生死《しょうじ》の雲晴る、清浄無碍《むげ》の光耀朗《ほが》らかにして、一如法界《ほっかい》の真身顕《あらわ》る。

無上浄信の暁、暁といっても、朝といっても、まだ真っ暗です。暁といったら、豆腐屋さんが仕事を始めるような時間です。何となく夜が明けたかなあ~という、真っ暗だけど、何か朝が来たなというのが暁でしょう。その暁、無上浄信の暁が、朝が来るということを信じている。これは親鸞聖人が『念仏正信偈』の中で言っていることです。人生の中でそれは、はっきりと明るい朝は来るかどうかはわからないけど、世がもう明けている――。そういうことを知って死ぬことができたらどんなにか喜びがあるか。同じ死ぬなら、真っ暗な、これから絶対夜が明けないなと思って死んでいくのと、真っ暗かも知れないけど、朝は来ていると思って死ねるのと、その違いです。暁といったら、朝が来ているといっても星がいっぱいです。星があるのです。星も朝を示している。夜の星と朝の星と違うでしょう。この頃あまり空も見ないし、都会だと星も見えないからわからないけれども、だけど、この暁、暁の朝、空が明るくなってお天道さんが出てくるなんてことは親鸞は言っていない。だけど、お天道さんが出る前の夜が明けるということにおいて、人生の意味を見つけたのです。

今、私たちの生きている時代は辛いと思う。だけど、この辛い時代であっても夜は明けるのです、必ず。私の人生に夜が明けるのと同じように、この時代の中に夜が明ける。そういうことを親鸞聖人は伝えているんじゃないかなと思います。

今日の話はこれくらいにして、また、お寺にたくさん来ていただいて、少しずつですが、親鸞の残した言葉の中に親鸞の声を聞き、親鸞の声の響きを聞いて、学びを続けていただいたら、人間を取り戻すことができるんじゃないでしょうか。この時代にあっても、生きていくことが希望に輝くんじゃないかというふうに僕は思います。終わります。

雑行を棄てて本願に帰す

おはようございます。ここでお話しするのも久しぶりですので、初めての方もいらっしゃるかも知れません。今、小児科の医者をしているという紹介をしていただきましたけれども、ご覧の通り、真宗の僧侶でもあります。チラシでもしかして、小児科の医者だからということでおいでになった方には申し訳ないですけれども、そのような話は一切しません。今日は「雑行《ぞうぎょう》を棄《す》てて、本願に帰す」というテーマでお話しをします。「雑行を棄てて本願に帰す」というのはいうまでもありません。親鸞聖人の『教行信証』の「後序」、最後のところに書かれている言葉であります。『真宗聖典』（東本願寺出版部）をお持ちの方は一度目を通していただきたいと思いますが、三九九頁の真ん中あたりです。「しかるに愚禿釈の鸞、建仁辛《けんにんかのと》の酉《とり》の暦、雑行を棄てて本願に帰す。元久乙《げんきゅうきのと》の丑《うし》の歳、恩恕を蒙《かぶ》りて『選択《せんじゃく》』を書しき」とこういうふうに書かれたところにある言葉であります。いうまでもなく、親鸞聖人が吉水の法然のもとを訪ねて、比叡山から浄土宗という新しい仏教の流れの中に身を投げた瞬間であります。

「雑行を棄てて本願に帰す」という言葉は、非常によく知られた言葉でありますけれども、この言葉を何故選んだかと申しますと、講演のご依頼の中でテーマを何にしようかと思っていたのですけれども、ふとこの言葉が改めて浮かんでまいりました。これはどうしてかということもあるのですけれども、これまで何度も目にしてきた言葉でもありますし、聞いてきた言葉でもありますけれども、「雑行を棄てて本願に帰す」という言葉は、何故か、今私の心の中に非常に大きな響きをもって届いてきたということがあろうかと思います。そういう意味では「雑行を棄てて本願に帰す」という言葉に、私が今生きているということに非常に、何かそこにどうしても確かめておかなければならない真実といったものの響きを聞いたからではないかと思いますが、そのことをどのようなものであったのかということを今日、しばらくお話ししながら、一緒に考えていただいたらと思います。

「雑行を棄てて本願に帰す」というのは、いうまでもないことですけれども、先ほど言いましたように、親鸞聖人が法然上人の教えに自分自身が今まで聞いてきた仏教というものをもう一度あらためて、ここから出直そうということで、そういう思いで確かめた言葉であります。ただし、法然上人には、こういう言葉はございません。法然上人は、「雑行を棄てて本願に帰す」ということは言っておりません。法然上人が言われているのは、「棄」のところが「捨」で、本願は「正行」といって、これは『選択本願念仏集』に書かれていることですから確かめていただけたらよいのですが、そこでは、正行というのは、あくまでも、念仏の行として、法然上人が善導から受け取った「一心専念弥陀名号」というのを正行というふうに読んでいる。ただし、ここの正行と申しましても、法然上人は「正助」ということを言いまして、正業と助業と、この二つを合わせて正行ということを言いますから、そこには、正行ということを申しましても、これは阿弥陀の浄土に往生する行であるということが何よりも正しい行としてあります。ですから、そういう意味では、阿弥陀というものを見つけたということであります。それまでの阿弥陀という仏は、天台でも、あるいはその他の仏教でも、大乗仏教の中では、阿弥陀の思想は展開しておりますから、大乗仏教を学ぶもので、阿弥陀仏を知らない者はいない。ただし、その阿弥陀仏といっても、阿弥陀の浄土に生まれるということを、究極的な目標として、仏教を学ぶ者にとって、それこそが仏教を学ぶことの真の意味であると確かめたのは、善導の教えを聞いた、法然上人ひとりだったといっても過言ではないと思います。そういう意味でその阿弥陀の浄土を目指すということにおいては、阿弥陀の浄土に向かうのが正しい行ですから、法然上人の言われた、「雑行を捨てて正行に帰す」というのは、これまでいろいろ救いを求めておったけれど救いの内容が決まったという、私たちの目標とする、宗教の究極的目標は何かと。勿論、それ以外にも心の平安を得るとか、あるいは宗教的真理を明らかにするとか、あるいは仏教によって人間を明らかにするとか、様々なことを仏教として、それぞれが、それぞれの目的で学ぼうとする。まさに解学というのは、そういう意味では仏教はそういった人間の様々な要求に応えるものを持っています。

科学においても、政治においても、経済においても、そのようなあらゆるものに応えるのが仏教であります。科学的な問題、経済の問題、政治の問題、そういったものに応えられなければ仏教とは本来言えないのです。ただし、科学の問題から早々と撤退してしまったということがございます。科学のことは宗教ではわからない。仏教の世界観というのは、須弥山という大きな山があって、そのもとに閻浮提が広がって、その周りに海が広がってなんてことは、およそ地球という概念に相反するものであって、そんな非科学的なことを言っている仏教は科学なんていうものに太刀打ちできない。だから、仏教は早々と科学から手を引いてしまおうとした。あるいは、政治にしてもですけれども、政治というそういう中にあって、宗教なんていうものは、決して力を持たない。織田信長は比叡山を焼打ちしましたけれど、あるいは、本願寺を攻めて、ここには宗教というものには、政治は動かないんだということを、あるいは、宗教の力なんていうのは大したことはないと、人はパンのみにて生きるのみにあらずとキリスト教は言いますけれども、いかんせんパンがなければ生きていけない。パンを得ることこそが人間の政治的な課題だと、いくら心が満たされてもお腹一杯にならなければと、だからこういうところから、早々と撤退しなければならない。そのようにして仏教はいろんなところから撤退したのです。政治には若干まだ残ってるかもしれないけれども、まあ、でも、昨今の様子を見たら、政治と宗教ということも、宗教は争いだけで、宗教は戦争の元であって、決して政治にとっていいものではないからと、手を引かねばならないと、下手に手を出したら、オウム真理教のような事件を起こすだけであるということで政治からも手を引かなくてはならなくなった。これは日本においても、戦前の国家神道の名のもとにおいて真宗大谷派もその一翼を担って、戦争を進めてきたということを、それによってたくさんの人の命を奪い失ってきたということがありますから、その反省からも実質的に政治には宗教は無効であるというよりも、むしろ関わってはならないものとしてきたのです。そして今や宗教のなす役割なんていうものは、本当に、政治からも経済からも科学からもあらゆるものからなくなってしまって、最後は心だけだという実情であります。残念なことです。

ただ、今日の経済の矛盾、政治の矛盾、科学の矛盾、そういったものを見ますと、決して、科学的な知識、政治的な手法、経済的なそういった仕組みといったものが、人間の根源的な様々な問題や苦しみを解決することでないことが、ますます明らかになってきておりますし、そこには、仏教が示してきたものが一体何であったのか、果たして科学にとって、無効とされるようなものだったのか、政治や経済にとっては宗教は無用なものであったのか、もう一回問い直さなければならないところがあります。そういう意味で、仏教は決して役割を終えてはいないと思うのです。むしろ宗教として私たちが考えてきたものが迷信となり、あるいは、宗教が集団的な、ある意味で、狂気となったために、狂気というのは、正常ではないし、狂った意識ではありますが、集団の狂気となったときにもたらしている作用だろうと思いますけれども、そういったものが仏教においても表われてきていたのだろうと思います。仏教本来の、科学や、政治や、経済といったところに働くその役割、科学などでしたら、その科学的な認識とか知識といったものを仏教によって正しいものにしていくという、そういう作用があると思いますけれども、そういうものを見失っていただけだろうと思います。

それは今日の話とは直接関係ありませんが、仏教は因果ということを説くよりも、因縁果としての、縁を説く宗教であります。いうまでもない、縁を抜いた、因果というものが西洋の科学の基本であります。結果には必ず原因がある。どのようなものも原因というものが結果となっていくのだということによって、原因を明らかにすれば結果はおのずとそれについてくるものであって、原因と結果というものの因果関係を明らかにするというのが、西洋的な知識というものの基本であります。それは経済にしても政治にしても科学にしても全くそうです。ところが仏教はそれに対して、因果では押さえられないものとして、縁ということを強調してまいりました。縁というのは、これは、因果に対してそれが成り立つための条件を表すものです。科学なんていうのは、とくに医学というのは、僕の実際に働いている現場でありますけれども、病気の原因を診断して、病気が治ると思っていますけれども、治るか治らないかはわからんのです。

一〇〇%死ぬということを診断することもできないし、一〇〇%助かるということを診断することもできない。まあ、一〇〇%は人がやがては死ぬということは別に医学が何か言わなくても、これは物の道理として、生物というものの宿命として避けられないものとして、私たちは充分知ってはおりますけれども、そういうこととは別に、たとえ、九十歳になろうが百歳になろうが、死ぬのには、原因と結果があると思うと。原因がなくなれば助かると思っている。そんなものではないことは知っているのです。病気がなかろうと元気であろうと、死ぬ時は必ず来るということは、これは誰でも知っていることであります。その時に、実験室の中では、因と果、昨今にぎわっている、iPS細胞とか、あるかないかわからんSTAP細胞とか、いろんなことを言っておりますが、それも実験室の中では、仮説としては、あるいは実験室の中では起こりうることかも知れない。細胞が若返る。でも、私が若返るということはできない。人間というのは、実験室の中に生きていないから。私たちが生きるというのは、様々な縁によって、様々な場所と様々な時間の中で、自分の存在というものを一回限りのものとして生きているわけですから、実験不可能なわけです。私の人生は実験することはできない。それなのに、この人生をいかにしようかとすると、まあ、人の人生を見て、あるいはそこに様々な生き方を見て、自分の人生に重ねることによって、こうした方がいいかなという選択をするんですけれども、必ずしもそれがいい方法ではないということは結果を見れば明らかです。まあ、いい結果がくると思っていても、なかなかその結果自体の評価もそれぞれの受け取りですから、どうかわからないのですが、その人生というものは、様々な条件によって、同じ人間に生まれながら、全く違った結果が生まれる。極端に言えば、同じ親から双子として生まれてきても、その子どもたちの人生は別々の人生です。原因と結果では説明がつかない。経済もそうです。政治もそう。何か原因があれば必ず結果が出るようなことを考えて単純化すると、考えた通りに必ず結果が出てくるように思いますが、そうはいかない。だからそこに、縁というものを考えてくることによって、因縁果の縁の思想によって、あらゆる知識・技術というものを仏教は捉えようとするのです。人間の知識の限界を越えて、全体を明らかにしようとしたのです。

このことは、今も有効であります。むしろ、現代の科学や現代の政治や現代の経済や、様々な、あるいは現代の文化でも教育でもいいのですが、現代の問題ということに行き詰まって仏教を学ばれる方は、そういう仏教的な因縁果の縁の思想によって越えていくことを、どこかで求めてこられているのかも知れません。仏教と申しましても、こういう形で、仏教的な因果論というものをはっきりと言葉として学んでいく仏教もありますし、黙って座るだけの仏教もありますから、黙って座るというのもある意味では、因果的な思考とか、人間の計らいといった形の捉え方を越えようとすることによって、私が今言った、縁といったものを体得しようとされることによって、思考というものを越えるものを探して、そういうことをされるのかも知れませんが、いずれにしても仏教は、決して無効になったわけではありません。仏教は今なお有効でありますし、経済や政治にとっても有用なものであると思います。ただし、使い方が大事です。使い方を間違えたら、集団的な狂気ということと全く一緒のことになってしまいます。宗教というのは危険です。ですから、下手に手を出さない方がいいということもありますけれども、ただ宗教を、あるいは仏教の智慧といったものを本当の意味で、現実の中に生かすことができれば、この私たちが生きる世界をもっと豊かなものにできると教えているのが仏教というものです。

そのような中、比較的まだ世間の中で有効とされているのが心の領域です。しかしその心の領域さえ、もう宗教は要らないと言われています。臨床心理士というのができてきて、ちょっと病気になれば精神科に行くか、臨床心理士の下に行って話を聞いてもらえばいいと。もう、心の領域さえ、西洋的な因果論の中で宗教の役割などということを考える、西洋的な因果論によって、すべてをその中で解決しようとすることによって見失ってしまったものの大きさで考えると、現代ほど迷いの深い時代はなかろうと思います。そういう意味では、心の時代というようなことが言われるようになったときに、宗教なかでも仏教が、改めて取り上げられていくということが、その宗教の本来の役割というものが、完全に見失われてしまってはいないことを示しています。

しかしそれは、決して今だけのことではなくて、親鸞聖人が生きた時代も、他の時代も一体仏教とは何かと問われつづけてきたのです。観音信仰が盛んになった時には、観音の利益によって、現世の苦しみというものをなんとか逃れるための神さまに祈るのと同じように、観音さまに祈ることによって今の私たちの三悪からどうやって助けられるのかということとして、仏教を、宗教を信じようとしたという人たちがたくさんいたのです。あるいは末法の時代として感じられていた、動乱期にあってその時代を乗り越えて行くために、仏教がその時代を越えていくために、どう働いて、どのような仏教によって救われていくのかということを確かめようとした、そういう時代もあるわけですから、仏教というのはいつの時代にあっても様々な人間の苦しみ、悩み、社会の問題に応えようとしてきたのです。ただし、それに応えようとしたけれども、今言ったように心の問題にしてしまっては、応えることは出きないと思います。僕は医者をしていますが、医療の中で宗教的なものに今、一番関わってきているのは、ホスピスです。悪いとは思いませんが、ホスピスなんていうことをすることによって、果たして本当に人間が死の苦しみから救われるのかといったら、少なくとも、ホスピスはヨーロッパ、アメリカで流行してきた運動ですから、キリスト教信仰がもとにあって、死んだのちに、天国に行くことが、天国に生まれることができるということを保証するものとしてのホスピスであります。だから日本でもキリスト教に改宗して天国に生まれるんだということを信じて亡くなっていかれる方というのは、これはある意味でホスピスが役割を果たしたことがあるのかも知れないけれども、およそ、死ぬことの苦しみから解放するなんていうことだけを求めたホスピスは、仏教から言えば、それは単なる麻薬と一緒です。麻薬も苦しさから逃れるためには、必要なこともありますし、麻薬が悪いとは言いません。だけど、麻薬によって苦しみが与える課題が見えなくなるのであれば、人生を台無しにするのと一緒です。これだけ宗教的な働きというものが社会から閉め出されてくると、必死になってそこに活路を見出そうとして、浄土宗においても、もともとの念仏結社の伝統がありますから、死ぬ時に念仏して往生浄土を助けることをホスピスの課題とするのであれば、それはまだしも往生浄土を願わんものに、私たちが、その死の床にあって、何ができるのかと。苦しみを奪うだけしかできないような宗教ならやめた方がいいというのが私自身の考えです。

ここには、もしかしたら医療関係者もいらっしゃるかも知れないし、なんと無慈悲なことをと思われるかも知れないけれども、人間の一番大切なものは、いかに生きて、いかに死ぬかということと同時に、自分が生きたことは一体、本当に意味があったのかと。私がここに生まれてきて、こうやって人生を終わることは、私が生まれたことも含めて、何か意義のあることであったのか。そういうことを確かめること以外に、人生は救われないということであります。そのことから目を反らさずに、そういう課題から自分自身の生き方を引き離すことを目的とするようなホスピスであれば、それは人間を冒瀆するものです。

あるいは、心の苦しみといっても、苦悩の人たちを、臨床心理士が、苦しみ、悩む心を聞いてあげて、それを慰めるような、あるいは、その苦しみ、悩みをなんとか解決させるためにというふうに思って苦労しておられても、それが果たして宗教的な救いとなるかどうかということで考えたときに、なまじカウンセラーなどという形で宗教者が関わることは厳に自ら戒めとしなければ、その苦しみ、悩みを奪うことによってその人の生きる道を奪ってしまわないような、そういうことを意識しなければならないということです。

今、非常に危険な状況ではあるのです。それでもこうやって現代でも仏教、あるいは宗教といったものに、様々な役割を求めて私たちがまだこうやって仏教を学ぼうと、あるいは念仏を信じようとする、そういう在り方を繰り返していること自体は、消えることはないわけです。でも、それが何故消えないのかと言ったときに、そのことを正行ということで言ったのです。比叡山で学ぶことも、吉水で念仏をすることも、あるいは禅宗で座禅を組むこともすべてが、一つの目標を持っているはずだと。仏教というものは、一つの目標を持ったものとして、あるいは仏教だけではないのですが、宗教というものは、一つの目標を持っていると。それは、人間が救われるということです。人間が救われるということにおいて、その人間を救うということは何かと言ったら、それは浄土往生ということしかないだろうということを見つけたのが、法然上人です。ある意味、浄土に往生するというのは、死んでお浄土に行くというだけではないはずです。阿弥陀の浄土という世界に生まれることこそが、人間の究極的目標であると、こういうことに気づいたのです。だからキリスト教で天国と言っても、仏教から言ったら天国というのは、お浄土の一つの形です。天国とお浄土とどっちが広いかというと、天国は天にしかないけれども、お浄土はどこにでもあるから、お浄土の方が天国より広い。もう一つ言えば、お浄土というものの広さというのは、お浄土は形も色も何もないということであって、場所の限定がない。場所も時も選ばないという、そういう意味では、お浄土はあらゆる宗教の究極的目標というものを徹底しておさめとったところに顕れてくる世界だということです。阿弥陀の浄土というのは十方浄土の中の一つではないのです。あらゆる浄土というもの、あらゆる宗教の究極的目標というものを全部おさめてしまうと、それを一つにした世界が現れてくる。それがお浄土だということです。

お浄土に生まれることこそが人間の究極的目的であり、それこそが、正しいという字を書いた「正行」ということに他ならないということでしょう。正しいというのは一体何かということもあります。私たちが正しいか正しくないかといろんなことを言うけれども、正しいというのは、単に正しいのではない。是正ということを言うのです。親鸞聖人は。正の字に是を付ける。これはどういったらいいのでしょうね。正しいというような言い方。正しいか正しくないかというような是と非と、是に関しては非があります。正と邪、是と非、こういうものを含めて、正に対して、非と言わずに邪ということもありますけれども、正しいというのは、単に正しいのではないのです、是非の是ということです。ただし、是と非は、是と非ですから、是であるか非であるかなんですけれども、非というのはこれは、ただ単に違うということではないのです。非というのは、これは虚とか仮と言います。正とか是というのは、リアルであること、虚とか仮というのはリアルでないことを現すのです。どういうことかというと、あなたは生きているかなんて問われても、私が生きていることを否定することはできない。究極的な問いですよ。あなたは生きていますかという問いに対して、「さあ、どっちかな」なんていう、「どっちかな」と考えることはできるけれども、こうやって身を以て生きていること、これだって幻かも知れない。夢幻であっても、その幻として意識している私は居る。まさにカントが「我思う故に我あり」と言ったでしょう。夢幻であっても、思っている自分はここに居るじゃないかと。そのことを否定することはできない。それが是です。そしてそれと同じように、私がここに生きていることをもとにして、そこに確かめられている真実。どう言ったらいいでしょう。私が生まれてきて、私として年をとって、私として死んでいくということ。これは否定しようがない。そんなことは嘘だと、私は年を取らない、私は死なないということを言っても、それこそが妄言であって、否定しようのない真実というのがあるでしょう。是という。これが是です。是と正ということ、そのことによって正しいということ。だから人間は生まれて生きて死ぬということの事実に立って、そこで何を求めているかということなのです。

それを、徹底して、仏教は求めてきたのです。それは何故かと言ったら、一番最初、お釈迦さまが生老病死という四苦八苦のもとを見つけたと言われていますが、生老病死という四苦を見つけたことによって、生きることそのものを苦しいといったときに、生きることの苦しみを知ったときに、何をそこから真実として求めたのか。苦しいことが真実ではないのです。間違えたらいけないのは、ああいうことを聞いたら、人生を諦めて心を穏やかに生きていくことが人生だと思っているけれども、そうじゃない。人生が苦しいからこそ、浄土教は常楽我浄と言うでしょう、苦しみを見つけたときに、だからこそ人間が求めてきたこの世を生きていることによって生まれてくる、常楽我浄という思いです。こういう私たちが、自分がいつまでも変わりなく、そして生きていることを喜び、私が私であり続けて、その命の浄らかな世界を生きたいと考える。しかし人間がそういうものを求めているのは間違いだという。そんなものはこの人生にないと。四顚倒と言います。人間の考え違いでこういうことを言うのだと。だからこんなことを求めないで、人生は苦であると、そういうことを求めないで心静かに、少欲知足で欲を少なくして生きていきなさいというのが仏教だという風にそういう理解をしてきたのです。でもそれは儒教です。苦しいから苦しくない方法を考えただけ。生き方として。常楽我浄ということを言ったのはそれは何故かといったら、生まれて生きて死ぬということの有限の命の中で、必ずその命を終わらなければならない苦しみというものがそれをこえる常楽我浄という人間の中にこういう思いを見出させたときにこの思いを否定するのではない。これをこの現実の中に実現しようと思う。この思いが本当に実現する世界というものを求めて、人間が生きることが可能かどうか。それができるのであればどうやって実現するか、そのことが仏教が求める究極的な目標であるのです。そのときに、この常楽我浄と言ったときにその世界が、それは、宗教心の根源的なものだと考えてもいいと思いますが、その常楽我浄を本当の意味で生きるのはこの世ということではない、別の世界を求めなければならない。この常楽我浄を現実の世界では四顛倒と言いますが、これを浄土の命の生として、常楽我浄ということを確かめることができるのであれば、この精神そのものが、むしろ苦しい人生において人間を支えていく根本的な働きになると、こう言ったのです。

迷いを否定したんじゃない。人間の苦しみを否定したんじゃなくて、苦しみを苦しみにしている迷いを生きている人間の中にあって、それが、むしろ迷いを生きることによって本当の意味で人間になっていくような、そういう働きを、それを正行と言うのです。

先ほど、浄土の生と言いましたが、浄土の生は、浄土往生。往生というのは、浄土に生きて生まれること。生まれるということ。善導はこのことを、「前念命終」「後念即生」と言っているでしょう。「前念に命終して後念に即生す」と。命を終わりたいというのが、人間の欲望だと言っているのです。人間は単に生きたいのではないのです。この人生の中で死にたいという気持ちがある。死への欲望というのがあるのです。

このことに気づいた近代の偉人といえばフロイトです。フロイトは皆さんご存知のように、神経症の研究をして人間の無意識というものを見つけて、無意識というものの中には、「セイ」への欲求、「セイ」と言っても生きる方の「生」とりっしんべんの「性」とこの二つの「セイ」というものが人間を動かしている、それが人間を生かしている。その人間の苦しみとかあるいは無意識とか、人間が生きる力になるであろう、リビドーということを言ったのです。ところが、彼は晩年に、人間はそれだけではない、タナトスという死への欲求をもまた生きているんだということを見つけるのです。生きたいんじゃないんです、死にたいということもある。苦しいならば、死んでしまいたいということがあるけれど、そうではない。命を終わるということを一つの目標としているのが命であるということです。

しかし、善導は単に死ぬことだけじゃないんです。死ぬことは、そのまま「後念即生」なのです。「前念命終」「後念即生」と言うでしょう。死ぬことをもって、新しく生まれ変わりたいんだと。私たちはいつもいつも生まれ変わりたいと。人生をやり直すというのとは違いますよ。やり直すというのは私が変わらないことです。だけど生き直すというのは新しい自分になって人生に向かうことを言うのです。浄土なんていうこともそうです。死んだ後の世界もそうです。私たちは死ぬことということよりも、この命を新しく生まれ変わりたいのです。そういう意味では人間の根源的な欲求は生まれ変わりたいということです。しかしその生まれ変わるということを信じられなくなって死んでしまうということもあるのです。これは不幸だ。同じ命を断つにしても、生まれ変われることを信じられないで死んでいくのは不幸です。ただし、生まれ変わるということが何か本当のものではなくて、夢想するだけならば本当に生まれ変わるかどうかわからないままにこの命を捨ててしまうのは、これは無駄死にと一緒です。そういう意味では仏教だって、その死ぬことと生きることを見つけたときに、いかに死していかに生きるかということが、その根本的な課題であるということがだんだん、だんだん解ってきたということです。それは、釈尊の人生を通して、釈尊の死を通して弟子たちがそこに学んだことでもあるでしょうし、その釈尊の教えを聞いて、仏教を学んできた、そして仏教を生きてきた人たちが釈尊の生死から学んできたことでもあるかも知れない。それがどんどんハッキリしてきて法然のところへ来て、人生の目標は死して生きることだと。

曽我先生は、ここの高倉の控え室に大きな写真が飾ってあって、久しぶりにその写真を見たら、やっぱりいい顔をしてらっしゃるなと思ったのだけれども、その曽我先生の有名な講題に「信に死して願に生きよ」というのがあるでしょう。「信に死して願に生きよ」と書いてあって、「死」はこれもまた、まあ、曽我先生の言葉ですから、あまり理解しなくてもいいと思いますが、理解することよりもその言葉の響きを受け止めることが大事でしょうから。でも、死ぬことと生きることを同時に、死んでから願に生きるのではないですよ。死と生が同時に顕れてくることこそが人間の究極的な救いであり、目標であり、生きることを現すものであると。そこに死して生まれる世界というのは何かといったときに、浄土だと言っているのです。私が死んで私が生まれ変わったって、私は同じだ。生まれ変わったわけじゃない。よく死んで生まれ変わると言ったら、前世の命があってまた生まれる、というのは同じ命で、変わっているのではない。例え昔の人生があって、私が誰かの生まれ変わりでも、全く死んで生まれ変わったわけではない。生まれ変わるということは、私が生きている世界が変わらなければならない。生まれ変わったって人間の世界の中でやっぱり人と傷つけあい、人と争いながら、苦しんでいる人生を繰り返すならば、生まれ変わったのではない。私が二回、三回生きているだけです。それは輪廻転生と言う。何回も、何回も、生まれ変わったって、苦しみは続くわけです。生まれ変わるというのは、生まれ変わった世界が変わらなければならない。世界が変わるということは私たちが、生きている人間の関係が変わらなければならない。そういう本当の意味での人間の関係が変わる世界に生まれ変わりたいということこそが、あるいはそういう世界になることこそが、人間が求めて生きているということの意味なのです。

そういうことを浄土教は見つけたのです。その世界が阿弥陀の浄土です。正行というのは正しいということ。本当の意味で正しいというのは、私たちが本当の意味で生まれ変わって生きられる世界を願うために、その新しい世界を求めるということこそが正行です。浄土に生まれたいと思わないことは正行とは言わないですよ。お浄土に生まれたって嫌々行った人はお浄土に生まれたとは言わないです。嫌々生まれる人はいないかも知れないけれども、でも、どこかもっといい所があるのになと思いながら、まあ、しようがないから南無阿弥陀仏だけで行ける阿弥陀さんのところへ行こうかと思うのは、これは駄目です。そこしかないのです。それは新しい人間の関係が変わる。それは何が変わったのか。

人間の関係が変わるというのは、何が変わったのかということを明らかにしていく必要がある。もちろん、私たちの思いが変わらなければならない。

人間が究極的に生まれたいと思うのを欲生と言うでしょう。往生に対して、欲生と言う。欲生ということは、生まれたいということ。だけどそのことによって新しい世界がどのようになっているかということを見つけていくことを願生と言う。往生、欲生、願生と、三つです。往生というのは人間の根源的な宗教心です。それに対して、その宗教心によって確かめた願いを欲生と言うのです。ところが欲生というのは、死して生きるということ。新しい環境が生まれてくることにおいて、そこに生まれるのではない。新しい世界へ行くんだということを確かめていくのは願生です。往生から欲生、願生への道というのが開かれることによって、その道を歩いて行くことこそが、正行と言うのです。正しく行くと書く。「行」という字は、私たちは、何か「修行」の「行」だと思って、何か実践すること、仏教的な修行だと思っていますが、違うのですよ、基本的には。行人という言葉があるでしょう。行く人だ。歩く人のことです。正しい歩きを、雑行を棄てて正行に帰す。宗教というのは歩くことです、求めているのは。ウロウロ、グルグル回っているのを雑行と言うのです。本当の意味で自分自身の宗教心に立って、道を見つけて、まっすぐ歩き出したのを正行と言うのです。究極的な目標を見つけて、そこに向かって歩き始めた時。これが親鸞聖人が比叡山から吉水に、比叡山から吉水の教団に身を投げた瞬間。雑行を捨てて正行に帰すということです。

ところが、この言葉を受けたはずなのに、親鸞聖人は、『教行信証』では、雑行を棄てて本願に帰すと言っている。ここに本願とあります、正行ではないのです。もう一つは「棄」という字。「捨」じゃなくて「棄」にしました。雑行を捨てて正行というのは、雑行と正行、道があった、いろんな道が。いろんな道から、正行としてある浄土への道を選んだということ、あるいは目標を見つけたということです。これを親鸞聖人は関東から京都に帰って来られてから、法然上人の跡を尋ねて、その遺稿集を作られていくでしょう。『西方指南抄』という。あのときに、『西方指南抄』とあるでしょう。西方指南という西の方を指し示す、西の方、目標はどこかと、あそこだと教えることです。観無量寿経でもそうです。日想観があります。日想観は何かと言ったら、陽が沈むところ、その方向に浄土があるから、その方向を見なさいと言うのです。方向を示したのです。お浄土はどこにあるのかというと、あそこだ。あっちです。残念ながら、京都だったら日の沈むところ、水平線がないから見えないけれども、山に隠れてしまって。果てしない水平線が見えるところ、陽が沈む方向を、ここが西だという方向を教えています。それが西方です。

陽の沈むところを見て、様々に人は思うかも知れないけれども、陽の沈むところを見たときに、心の中に浮かぶ方向こそが人間が求める方向だと言うのです。最近は陽の沈むところさえ観光地にしてしまって、まあ綺麗だと言って終わりだけども、綺麗だけじゃないのです、陽が沈むということは。夜が始まる。迷いが深まるということ。日想観というのはそういうことですよ。人生が終わるだけではない。今、自分が生きていることが、迷いに向かって進んでいる方向こそが西方です。人間の生きることで、最も根源の迷いに向かっていくことしかない。それは何かと言ったら、死んだ後どうなるかということだというふうに、みんな昔の人は考えました。迷いの根源は何か。親鸞聖人はこの西方の字を使って、『文類偈』といって、ご存知だろうと思いますが、『文類聚抄』中に『正信偈』とよく似た表現で歌を歌われております。しかし少しずつ言葉が替わっています。その一番最初に書いてある言葉が、「西方不可思議尊」です。一番最初に「西方不可思議尊」と書いておられます。帰命無量寿如来ではないのです。西方不可思議尊。何故そんなことが書かれているか。西方不可思議尊。人間の究極的な信仰の対象が見えたのです。

その究極的な信仰の西方不可思議尊が見えたけど、それに対しての道を選ぶというときは「捨てる」です。雑行を棄てるというときの雑行、この雑行は正行に対するものではないでしょう。正行がないとは何かと言ったら、正しい行はないということです、親鸞聖人の中には。「一心専念弥陀名号」と言っている。これは正しい行だと言っているけれども、この一心専念弥陀名号を選ぶような行は自分の中にはないということ。私たちだってそうでしょう。念仏だ、念仏だと言って口からは声が出るわね。その念仏が、信心が具足しないからこそ、皆、悩むわけです。一心専念弥陀名号と言われるとき、一心専念とはどういうことなのか、わからない。わからないでしょう？　一心専念ということがわからない。言われたらそうかなと、法然上人が一心専念弥陀名号と言われたら、親鸞聖人はそこでそうかと思ったのです。だけど思い出してみたら、一心専念弥陀名号は自分の中にない。あるのは全部、それ以外の行です。だから雑行を棄てて、この「棄てる」という字は何かと言ったら、自分の中には雑行しかないということの自覚に立った雑行なのです。だから親鸞聖人が雑行ということを言ったときに、雑が行の雑と、心の雑と、雑には二つあると。行と心と共に雑だと。やっている行も阿弥陀さまだけじゃなくて、他のところといろんなものを考えて、それと混じっているような阿弥陀といったら、阿弥陀じゃなくて、本当は何でもいいんだと。阿弥陀さまばっかりだと面白くないから違うものがあった方がいいと。たまには地獄もちょっと寄ってみたいというのが「雑」です。

阿弥陀さまの所へ行っても、朝から池の周りを歩いて、蓮の花をちぎってそれを供養するだけの毎日、退屈しちゃうから、あんまり行きたくない。もっと違うところがいいんじゃないかと。そういう風に迷うのが「雑」。ところがそれだけじゃない。雑心という言葉がありますね。心自体にも雑が入る。私たちの心が、本当の意味で浄土を願うということ、一つ浄土をとっても浄土を願っている自分の思いが様々な形で、例えばですよ、救われると言っても本当に生きるということ、生まれ直すということでなくて、一つでもこの自分の人生というものにしがみつくことによって、そこに何か違った思いがある。宗教心というのは、宗教心の形を取りながら違ったものが混じっている。これが「雑心」です。そして雑の検討、丁寧に丁寧にされるのです。そのことが「化身土」の巻でずっと出てくるのだけれども、それは何を検討したかというと、私たちには「雑」しかないということです。「専」なんていうことはないということ。それで「雑」しかないということを自覚したときに、それを棄てるというのになったということは、こんなことができるかどうか。雑しかない、それを棄ててしまうことができるかどうか。ある意味、人間をやめるということです。この「棄」という字がどこに使われているかといったら、あまりないです、この字を使っているのは。戦争放棄の「棄」ですけれども。棄の字は、『教行信証』の中ではなくて、大無量寿経にあるだけです。法蔵菩薩が世自在王仏に出会ったときに、その法蔵は、国を棄て、王を捐てて、棄国捐王と言うのです。比丘となって、比丘の前には、法蔵の名前はないのですよ。

「時に国王ましましき。仏の説法を聞きて、心に悦予を懐き、尋《すなわ》ち無上正真道の意《こころ》を発《おこ》しき。国を棄《す》て王を捐《す》て、行じて沙門と作《な》り」とあります。国を棄て、王を捐てると。国を棄てるというのと同じ字を使われたということ。雑行を棄てるということは国を棄てることなんです。行を棄てるというけれども、雑行を棄てるというのは私たちにとっては国を棄てることだ。国を棄てるとは何かと言ったら、王を捐てるとある。棄国捐王。この字を書かれたということは、国を棄てたということなんです。でも、国と王が一つということは、国と言ってもこの国土のことではないでしょう。国が王を持っているわけだから。王様の持った国。国の仕組みを棄てたということです。国の仕組みから独立したということです。雑行を棄てるというのは、そう、私たちが生きている、私が生きているという中の生きることの仕組みを棄てたということです。これが大事なことなのです。なかなかね、生きることの仕組みを棄てるなんていうことは難しい。

　仕組みといったら、働いて、お金を稼いで、それで物を買って、それを食べて、そして家族を養い、そしてこの国の在り方を見ていく、これ全部、仕組みです。それを棄てるということです。私たち、お金を稼がないなんていう生き方など考えられない。でも、お金は仕組みです。国がなくても、生きていくときは食べ物を食べて、そして私たちは家族を作るかも知れないけれども、家族というのも仕組みとしての家族ではない。もっと別のもの。そういったものに、立ち帰ることができるかどうか。棄ててしまったときに何が残るか。そのときに、国が棄てられてない人はロビンソン・クルーソーになる。ロビンソン・クルーソーというのはご存知でしょう。一人ぼっちで無人島に行って、そして無人島に暮らすけど、ロビンソン・クルーソーは国を棄ててないのです。一人ぼっちになっても。国を棄てるとかいうのは一人になることじゃないんです。間違えてはいけません。国の中に生きてる者が、一人で生きてるんですよ。コンビニに行ってもそうでしょう。お金さえ持っていたら、見たこともない所に行って、見たこともない買い物をしてる。見たこともない食べ物を食べて、そしてサービスを受けて、泊まれるということです。日本中、どこに行ってもお金さえ持っていれば、暮らせるんです。でも、お金がなくなったら暮らせないんです。例え死にかけていても、お金があれば助けてくれるけれども、お金がなければ生きていく方法が、そういう意味では、普通の在り方の中ではなくなっている。

国の中に生きているというのは、この仕組みの中に一人で生きられるということと同時に、一人になっても、その仕組みの中で生きているだけであって、それが私にとっての国ということです。雑行というのもそうです。私たちが救われるというけれども、一人で救われようと思っていることを雑行と言うのですよ。それを棄てるということになると、自分が一人ということを棄てなければならない。一人であることを棄てたら、ゼロになるんじゃないんです。一人であることを棄てたら、二人になるのです。この「棄てる」によって国を棄て、王を捐てたときに、法蔵は何になったかといったら、世自在王仏に出会って、それまで王様として国の中に生きていた一人の王が、国を棄てて、王を捐てて、初めて師仏である世自在王仏に出会ったときに、世自在王仏という人と出会ったのです。それが大事なことなんです。国を棄てるということによって初めて二人になるのです。国の中に生きている人は一人なんですよ、どんなことを言っても。結婚したってそうです。システムの中で結婚したら、どの人と結婚したって一緒です。気が合う、合わないとか、好き嫌いはあっても、この人という人生と一緒になったわけじゃない。でも、その人の人生と出会ったときに、それはその人だけしかない、初めて二人ということが生まれてくるでしょう。結婚しても一人だからくっついたり、別れたりしているんです。でも、二人ということであれば、別れるとかくっつくとかいうことではない。二人という世界が生まれたことによって違うものが生まれる。雑行を棄てるというのはそういうことです。じゃあ、そのことによってそこに何が生まれてきたかと言ったら、それこそが本願だと言っているのです。本願というのは何かと言ったら、自分の中にあるのではないんです。自分というものは一人ではない、二人であることを見つけたときに、二人の中に生まれているものこそが本願です。自分の願いなんていうのはどこにあるかわからないのです。

自分の願いというものは、必ず二人の中にしか生まれてこない。そのときに、その二人とは誰か。例えば親鸞聖人は、そのことを、女犯偈の中で言っているでしょう。「行者宿報設女犯」って。ちょうどこの雑行を棄てて本願に帰すという吉水に行かれるその前の段階で、六角堂にずっと参籠されて、そこで暁に夢を見られたときに、その夢の中のお告げとして「行者宿報設女犯　我成玉女身被犯　一生之間能荘厳　臨終引導生極楽」と言っているでしょう。このときに、「我成玉女身」と書いてある。本当の意味で一生之間能荘厳、一生という時間を過ごすものとなった間。これは親鸞にとってね、二人ある。それが恵信尼さんかどうかは、わからんですよ。そういう問題じゃないと思います。玉女身と書いてあるでしょう。玉のような女の人って一体、何なのか。玉のような女の人とは言い方は綺麗だけれども、これは玉女身というのはおそらくは、あまりそんな註はないと思いますが、石女に対しての玉女です。「シャクニョ」というのは、石の女と書いて子どもが生めない人のことを言うのです。玉女と言ったらたぶん、女の人を称えて、子どもを生むとか生まないとかじゃないそういう存在として、玉女ということを言ったのではなかろうかと思うのです。単に玉のように美しい女の人なんて、そんな男によって都合のいい形で言ってるわけじゃない。それが一生の間、能く荘厳したもうという形で出会った人ということです。これが二人です。それは自分の中に、如来というものを、そういうものを生きるものが自分というものと、中ではなくて、自分の側に顕れたことを言う。そのときに、二人という関係の中で必ず一緒に作っていくもの、それこそが本願です。本願というのはそこにあるのです。子どもが生まれて、子どもの間に生まれても本願。友の間に生まれてくるのも本願。夫婦の間に生まれてくるのも本願でなければならぬということです。それが雑行を棄てるということの意味なのです。その本願ですよ。ですから本願の行じゃないのです。本願に帰すということ。本願というものは何かというと、これは個人ということではなくて、私とあなたとの間に生まれた願いの中に、その雑行というものとして、私たちを、正行というのは、西方不可思議尊といってお浄土というものを見つける、お浄土というものを目標として生きるのが正行だと言ったけれども、そのときに雑行しかないのでは、その道が繋がっていないということです。向こうの目標は見えた。でもそこに行く道はここに繋がっていない。そのときに、本願に帰すということによって、その正しいはずのお浄土というものと、ここに立っている自分というものを繋ぐものとして、自分がここに立っていて、そして向こうにお浄土があれば、そのお浄土と今の自分を繋げば、そこに道が生まれるということです。

それを帰すと言うのです。自分が立っている場所を明らかにさせる。立っている場所というのは、単にどこに立っているのかということではなくて、浄土に対して自分がここに今、立っているという。到達点と出発点が見つかれば、その間に道は生まれてくる。そのときに、その到達点と出発点の間に繋がった道を本当の道にしていく作用は何かということもあります。本願というものは出発点であるけれども、出発点ということだけではなくて、本願は同時に本願力として働くということがあって、この本願は力になる。それは、本願がここに自分という場所を見つけるということによって出発点を確かめて、さらにお浄土が見えてその間に繋がるものを見つけたら、それを道にしていく力があるということです。本願には。逆にここから本当の道が生まれてくるということ。その力も含めて「帰《き》す」なのです。道があるのではないのです。道が生まれてくる。そしてそれは本願の力によって生まれてくる。その力は二人と言ったけれども、二人という関係の中で、人間と人間の間に道が広がっている。その道を白道と言っているのです。

宗教心が個人から生まれると思うから、白道は水火の二河に覆われて、水に洗われ、火に焼かれて、道としての働きを失っている。個人の宗教心は。だけどそれが人と人の間にある本願として、たくさんの本願が繋がったときに、その道は大きく大きく変わっていって、大道になる。同じ文類偈の中で、「易行の大道」という言葉がある。難行の険路に対して易行の大道。狭い険しい道が大きな道に変わるということ。道を広くすることこそが本願の力。道を広くしたということは何かと言ったら、自分だけじゃない。自分が救われる道は他の人も救われる道として、一緒に救われていく道になっていく。もともと二人で救われるものを二人だけじゃない、みんなが救われる道に変わっていくということです。そのことこそが、逆に言うと浄土ということで私たちが求めていた関係なのです。自分が救われるのではない。人と共に生きている自分の関係が救われる。新しい世界が変わる。今の世界が変わって新しい世界になる。これがお浄土に往生するということなのです。むしろこのことを知ったときに、新しい世界、新しい関係を生きるという新しい生き方によって生まれ変わることができるのです。先ほど、仏教が、科学や政治や経済やこういったものに侵されてしまって、その役割をもう心の領域に閉じ込められていた、心の領域だけでもそれも、はっきり言って心と言っても、どれくらいのものが宗教で、働きをもっているかということさえ、あやふやなほど、追い詰められている。そのときに縁としての、仏教の認識する力と言いましたけれども、その縁というものは、何かといったときに、この浄土に進んで行く道というものを明らかにする。その道の働きによって、世界をもう一度、私たちの経験してきた科学技術・医療、全部をもう一度そこに、新しい世界の中に誕生させ直すだけの力があると言っているのです。

大道になるということはそういうことなのです。政治も経済も、私たちが生きているものの全部。科学は、宗教なんていうものは無力だと思う。そうではない。究極的な目標がはっきりしなくなったから、若返るだの不死だの不老だのということを言って、それで人間は何をしているかがわからなくなっている。違うんです。きちんと生きてきちんと人生を終わって、そして次の世代に命を受け渡すということを、私たちはその何よりも大切な課題として持って、その中にあって、科学や政治や経済、既存の宗教、そういったものをもう一回、新しいものにしていくことができる。浄土真宗と言っているけれども、浄土真宗の真は、浄土を通して、真なるものをこの世界にもう一度誕生させ直すことです。この世を新しく生まれ変わらせるもの、そういったものを浄土真宗と、親鸞聖人は真の字を付けて、名乗られたのです。

「雑行を棄て本願に帰す」、何故このような講題を選んだのかというと、僕自身もはっきりわからなかった。しかし何かこの言葉が気になる。だけどそれは、この現代という時代があらゆる領域において人間を見失って、私たちがどこか、私たちが何をするかではなくて、私たち自身の出発点が見失われているということ、それが自分自身が生きることを困難だと感じている根源だということにどこかで気づいたことによって、この言葉が多分、飛び込んできたんだと思う。何十年もこんなことを聞いていて、こんな言葉を講題にあげるのは初めてです。でもそれは、いうまでもなく、私たちのその苦しみ、悩みということが、時代の課題として自分自身が立つ場所を失っていた、そして自分の出発点といったものが見えなくなっていた。

その出発点を明らかにすることこそ、親鸞聖人が私たちにその何よりも届けなければならない、浄土が救われる世界だということは誰もが言っている。でも浄土に行くために今自分がどこに立っていて、その出発点をそこに見つけることによって、そこから道を浄土へ繋いでいく働きをどうやって完成させていくのか、その道をどれだけ大きな道にしていくのかということこそが、真宗の課題であると。それを『教行信証』の一番最後のところに記されたのです。仏教が今まで仏教として迷っていたもののその迷いというものがどこにあったのかというのを見定めて、それはこの足元に帰すということによって確かめる。「帰」ということ。この「本願に帰す」の帰、この帰の字に自分自身の出発点を見つけなければならんと。そのメッセージを私たちに届けるために、ここに書かれているのです。これは、親鸞聖人の単なる自伝的な言葉ではないのです。親鸞聖人は「後序」の中で、自伝的なことを書かれていると思われるかも知れないですけれど、そうではなくて、親鸞聖人は自分の人生の中で皆に大きな道として、浄土への道を開いていくために、その親鸞聖人の見つけた出発点というものを、このような形で見つけたのです。だから私たちもそれを見つけなければならないのです。

そういう意味では、女犯偈が示しているものは、もっと親鸞聖人にとってはこの雑行を棄して本願に帰すということにそのまま繋がるような体験でなければならないと思うし、そのときに、「棄国捐王」、国を棄てることと、雑を棄てること、私たちにとっては、まさに国を棄て、王を捐てるということは一体何であるかと。国を棄てる方は言いましたよ。では、王を捐てるとは何か。これは僕のずっとあるテーマです。

ジュリア・クリステヴァという言語哲学をやっている女性がいらっしゃるのですが、その人の本の中に、『内なる外国人』という本があります。それは、外国人というよりよそ者という、自分が自分の主人であるということをやめるということ。私たち、自分が人生の主人であると思って、自分の人生だから何をしてもいいと思う。生きる、死ぬの決定さえも、自分の人生だから死ぬのも自由だと、そう思っているのは、まさに自分が人生の王であるからです。でもその王をやめる。そのときにやめることを、『正信偈』の中には、菩薩は仏に帰す、孝子の父母に帰す、忠臣の君后に帰して、動静おのれにあらずと書いてあるでしょう。『正信偈』の前に。自分が人生の主でなくなったら、何が主になるのかと言っている。父母に帰す。父や母への思いが私の人生を支配していると思ったら、これはえらいことだ。人間の尊厳はどこにあるのかわからない。まさに儒教です。ところが、父や母に帰すのは、父や母ではない。孝子というのが書いてあるでしょう。親孝行の息子ではないのです。孝子というのは何かといったら、親の愛を知ったものということです。親の愛を知った者は愛によって生きる。ただ愛と言ってもね、本当の愛でないとだめですよ。大事にしてくれるのが愛じゃないのです。あるいは親といっても一人の人間でしかないから、子どもを充分に育てることができないこともある。だけどそういうものを越えて、自分が育つことにおいて、親として見出されるような愛というものを知っているのです、人間は。何故かといったら、愛されていないと不安が起こるでしょう。子どもは愛されることがなかったら育たないのです。愛されることを求めてしまう。それは愛を知っているからです。どんなに大事にしても、どんなに贅沢させても、愛がなかったら子どもは育たないのです。愛を知っているから。そしてその愛によって生きるのが孝子です。私たち、むしろ逆に愛が貰えなかったら、愛の替わりに恨みを持って生きるんです、愛よりも。あるいは「忠臣の君后に帰す」。忠臣といったら何か、これも主君の言うことをしっかり聞いて、なんでもそのまま聞いて、切腹しろといったら死んでしまうような、まさに、乃木希典のような人を「忠臣の君后に帰す」と明治の時に言った。だけど、そうじゃない。ここの忠というのは、これは君后としてのこの人の課題を知っているということです。私たちは、人生の課題といっても知らない。それは大きな世界を生きた人も、大きな時代というものを感じてきている人しかその課題を知ることはできないけれども、その人に出会ったときに、その時代とか世界とかいうものを課題として与える、その課題として与えてもらったものが、その課題に応えようとすることを忠臣と言うのです。

それに対して、菩薩の仏に帰すると書いてあります。菩薩というものは、そういうものを全部含めたもっと大きなもの。それは、端的に言うと大悲に応えるもの。仏の大悲に生きるものと。私たちの主体はそこにあると思います。王を捐てるということは、自分が菩薩に仏に帰すように、大悲に生きる。小悲、中悲ではない、まさに大悲に生きると。そのことに帰すとこめられているように、その『正信偈』あるいは『文類偈』にこの同じ言葉がありますけれども、菩薩は仏に帰すと。孝子の父母に帰し、忠臣の君后に帰すという言葉が三つ並んであるけれども、これは儒教的意味合いで読んではだめです。儒教は先に関係があって、関係を守るために、世の中の秩序を守るために、こういうことを作っていった。だけどそれは、私たちの中の忠であり、孝でありという言葉は、儒教ではなくて、儒教以前に人間を支えているものとしてあるからなんです。その本当にある忠であり孝、ここでは忠と孝ですけれども、「仁・儀・礼・智・忠・信・孝・悌」なんて言わない。孝と忠、この二つです。これは大きなことなのです。課題と愛が人間を生かしているのです。愛に応えようと、そして課題を自らのものにしようとしたときに、初めて人間が人間として生きていられるのです。そのことがここに書いてあるということを、僕はようやく気づくようになりました。

正信念仏偈を何回も何回も読んでいるけれども、なかなか偈前の文まではっきりと、確かめることができないままで来ましたが、偈前の文に何故このような、一見すると儒教的な人間関係の上に立って、それを大事にするようなことが書いてあるように読んでしまう言葉があるけれども、それは、親鸞聖人は、雑行を棄てて本願に帰す、という言葉とともに、この「棄」の字をどう読んだのか。そしてそのときに、私たちが「棄国捐王」という国を棄て、王を捐てるということを通した法蔵の歩みというものにどうやって応えていけるかということを同時に示しているということを今回、この講演のお話をいただいて、しばらく考えながらようやく気づいたことであります。次はいつお話しすることがあるかわかりませんけれども、まさにこの暗い時代、この時代の闇の中にですね、私たちが浄土を見失わず、そして自分が立っている場所をきちんと確かめることによって道をつけていくことこそが念仏者の仕事であるというふうに僕は思いますし、そのような念仏を一緒に確かめていく、学びをしていきたいと思っております。

あとがき

真宗の教えに触れてはや三十年になります。医者としても三十五年が経ちました。今回、方丈堂出版の勧めで、これまであちこちでお話ししてきたものをまとめてみることにしました。ずいぶん前のものもあり、今読み返してみると話の展開が粗雑で文字にして目に触れていただくのもはばかられるものがありますが、真宗の教えにあった驚きと喜びはかえって今自らを初心に返らせてくれ、真宗にこれから出会われていく方や、また長年真宗を聞いてこられた方々の学びの一助となればと思い、読みにくい言葉遣いだけを改めて、当時の話のままで載せていただきました。

話した場所も時もずいぶん違ってはいますが、しかしながらその中心にあるのは、それまで現実世界の中で生きる方向を見失い、人との繋がりを見失って絶望していた自分が浄土という世界に触れ、浄土の力で人間を回復していった軌跡の記録でもあるように思います。そして自分自身の思索の跡をたどるように読み返していったとき、この浄土の世界が、現実の世界を真実として輝かせていることをこの身が少しずつ感覚しはじめていることを感じます。それと同時に聞いていただいている方々の前でお話しをさせてもらっていることが真宗の言葉に対する感覚を、子どもが初めて言葉に触れるような感覚として受け取り直させていただいてきたことに気付かされます。

亡くなられた藤元正樹先生は、「深く信不具足の金言を了知し、永く聞不具足の邪心を離るべきなり」（『教行信証』）という親鸞聖人の言葉を引かれて、これは「素人の自覚」を教えるものだと言われました。たとえ真実の言葉であってもその言葉に対する感動がなければ、真実は曇らされてしまいます。浄土の世界を説きながら、現実の社会の中に光が届けられないのは、むしろ真宗を学ぶ私たちの怠慢であると言えるでしょう。

この本のタイトルは、高倉会館でかつてお話ししたときの講題『愛と悲しみと』としました。今、人類は物質的に豊かになりました。しかし貧富の差は広がり、世界は憎しみと怒りの中に苦しみ続けています。また、豊かさをもたらした科学技術は地球環境を危機的な状況に追い込んでいます。しかしながら、それは決して人間の悪意から生まれたものではありません。むしろ愛と優しさから生まれた世界です。仏教者はこのような愛を渇愛として否定してきました。しかし愛を否定しても世界は何も変わりません。むしろもっと悲惨な世界が広がってしまうことを、戦争という時代が証明しています。日本もまた例外ではありませんでした。

ですから、愛を否定するのではなく、愛を超える道こそを仏教は指し示さなければならないと思うのです。それはこれまで、「如来の大悲」として仏教が伝えてきたものでした。しかしこの「大悲」は、人間の悲しみの上にしかないはずです。人間に働く大悲を親鸞聖人は「悲憫」「悲憐」(かなしみあわれむ)と言い、「矜哀」(おおいにあわれむ)と言われます。

人間への哀れみ、悲しみは、人間への愛の中からしか生まれてきません。愛から生まれ出て愛の渇きを癒すものこそ悲しみの涙です。それは自分のために流す涙ではありません。愛するもののために流す涙なのです。人間は悲しみを失った愛によって自分の命にしがみつき、人を傷つけ、自らもまた傷ついているのです。

今、世界に必要なのは、悲しみによって渇愛を真実の愛によみがえらせることです。そして今、仏教に必要なのは、「悲」を「悲憫」「悲憐」「矜哀」として悲しみに帰すことです。その悲しみの中にもう一度愛をよみがえらせることです。親鸞聖人はこの愛を、「聖尊の重愛」と呼ばれます。

私はこの「愛」と「悲しみ」とをどうやって自分自身に回復していくのかということを明らかにするために、真宗の教えを聞き続けてきたように思います。まだまだ、はっきりと回復しているとは言えませんが、しかしそのことによって少しずつ人間としての感覚は恢復しているように感じています。そして、親鸞聖人の「雑行を棄てて本願に帰す」という言葉が、新たな人間宣言であると改めて受け取られるようになってきました。

最後になりましたが、本書の出版を強く勧めてくださった報音舎の駒原教博さん、方丈堂出版社長の光本稔さん、話し言葉でわかりにくい表現を丁寧に編集していただいた方丈堂出版編集長の上別府茂さんに深く感謝します。

そして、この本を手にとっていただいた方とこれからも共に学んでいける「師友」となれるように願っています。

二〇一五年二月

姫路にて　梶原敬一

出典一覧

・愛と悲しみと
平成十九年（二〇〇七）十月二十三日　高倉会館日曜講演　高倉会館（京都市）

・真宗にとっての救い（原題「真宗の生活」）
平成十三年（二〇〇一）十一月二十三日　明覚寺（兵庫県姫路市）での講演

・医療と真宗―三毒五悪段が説くいのちと病―（原題『医療と真宗（三）―三毒五悪段が説くいのちと病―』、願生の会第二十七回公開講座講義録）
願生の会、平成二十四年（二〇一二）五月三十日

・人間を回復するために（原題「親鸞聖人七五〇回忌法話」）
平成二十五年（二〇一三）十一月十六日　速成寺（大阪市）での講演

・雑行を棄てて本願に帰す
平成二十六年（二〇一四）七月二十七日　高倉会館日曜講演　高倉会館（京都市）

梶原敬一（かじわら　けいいち）

1955（昭和30）年愛媛県生まれ。1980年京都大学医学部卒業。

現在、姫路医療センター小児科医長。真宗大谷派僧侶。

元真宗大谷派教学研究所嘱託研究員。

主著は『生きる力』（東本願寺出版部、2006年）、論文は「四十八願の基本構造」（『教学研究』133号、真宗大谷派教学研究所、2004年）、「iPS細胞のもたらすもの―作られた生命への恐れを」（『中外日報』2013年2月16日号〈論・談〉）など多数。

愛と悲しみと

二〇一五年五月一五日　初版第一刷発行

著　者　梶原敬一
発行者　光本　稔
発　行　株式会社　方丈堂出版
京都市伏見区日野不動講町三八-二五
郵便番号　六〇一-一四二二
電話　〇七五-五七二-七五〇八
発　売　株式会社　オクターブ
京都市左京区一乗寺松原町三一-二
郵便番号　六〇六-八一五六
電話　〇七五-七〇八-七一六八

印刷・製本　亜細亜印刷株式会社

ISBN978-4-89231-130-7 C1015